市场早已经不是原来的那个市场了。

——迈克尔·刘易斯（Michael Lewis）

（美国著名财经作家，代表著作为《大空头》）

智能投资

机器交易时代的崛起

崔传刚◎著

AI INVESTING

The Rise of Machine Trading Era

机械工业出版社
CHINA MACHINE PRESS

在股市中，绝大部分散户并没有赚到钱。诺贝尔经济学奖得主、行为经济学家塞勒等人告诉我们，人天生具有很多的非理性行为，而且难以克服，而这正是大量散户亏钱的原因。随着投资市场越来越完善，投资者心态越来越成熟，今后的投资交易必将更多地被交给机器。智能投资可以通过大数据与计算机算法为普通的投资者提供低成本与低风险的投资服务。一扇新的大门渐渐开启。

本书回顾了智能与金融的发展史，将智能的演进同金融的进化合二为一，对人工智能的前世今生做了深入的阐述。如果说以巴菲特和索罗斯为代表的投资家仍然在与人较量，那么量化投资、高频交易、机器学习等技术已经开启了人与机器较量的时代。聪明的投资者都应当拥抱智能，让机器成为投资的朋友。

当然，目前的智能投资技术还不够完善，历史上也曾经出现过因为机器交易而导致的金融泡沫，甚至还有新的泡沫正在形成。但整体而言，智能投资应该成为投资者的朋友，而不是敌人。

本书适合金融科技行业研究者、从业者、投资者及对金融投资感兴趣的人群阅读。

图书在版编目（CIP）数据

智能投资：机器交易时代的崛起/崔传刚著．—北京：机械工业出版社，2018.6

ISBN 978-7-111-60172-2

Ⅰ.①智…　Ⅱ.①崔…　Ⅲ.①股票市场－基本知识　Ⅳ.①F830.91

中国版本图书馆 CIP 数据核字（2018）第 125073 号

机械工业出版社（北京市西城区百万庄大街 22 号　邮政编码 100037）
策划编辑：李　鸿　　责任编辑：孙东健
责任校对：康会欣　　责任印制：孙东健
装帧设计：MXK 设计工作室
北京宝昌彩色印刷有限公司印刷
2018 年 7 月第 1 版·第 1 次印刷
170mm×242mm·12.25 印张·168 千字
标准书号：ISBN 978-7-111-60172-2
定价：42.00 元

凡购本书，如有缺页、倒页、脱页，由本社发行部调换

电话服务	**网络服务**
社服务中心：（010）88361066	教材网：http://www.cmpedu.com
销售一部：（010）68326294	机工官网：http://www.cmpbook.com
销售二部：（010）88379649	机工官博：http://weibo.com/cmp1952
读者购书热线：（010）88379203	**封面无防伪标均为盗版**

序

散户炒股为什么总是亏钱

（一）

在股市里，散户最容易亏钱，这是绝大多数人认可的事实，是残酷的真相。当然，这也是我从事金融报道多年所得出的最深刻感悟之一。

我是在大约 10 年前进入金融报道领域的。当时的我刚做了不到 2 年时政记者，出于兴趣的原因，我决定转行去做金融报道。我对金融市场充满好奇心，市场的涨涨跌跌令我兴奋不已，让我觉得金融市场是一个充满活力之地。不过说实话，那时候的我，对于金融市场的运作本身充其量只有些粗浅的了解，更不会知道，一场势必载入中国甚至世界史册的癫狂与恐慌正在上演。

熟悉中国股市的朋友自然都会记得，2005 – 2007 年是中国股市的狂欢岁月。在短短的两年之中，A 股上证综指从 2005 年的 998 点一路飙升至 2007 年的 6124 点，创造了一段迄今也没有被超越的"奇幻之旅"，也达到了一个至今尚未被逾越的点位。我至今清楚地记得，当时几乎所有人的话题都是股市，每时每刻似乎都在聊股票。例如我的一位从事远洋物流行业的好友，每次和我吃饭的时候，似乎从来没有聊起过他的工作，相反，他每次的话题，不是说自己又买了那只股票，就是说自己后悔卖出了哪只股票。那个时候，人人都似乎成了这一领域的专家，他们在饭桌上，在咖啡馆，在 QQ 群，甚至在澡堂里也会互相探讨 K 线走势，张嘴就是某只股票的代码，互相嘲笑对方的收益率……

但这样的盛况并没有持续多久。在上证指数站上 6124 点的巅峰之后，A 股市场开始走入下坡路。起初，包括媒体在内的大众情绪仍然非常亢奋，大家相信，和此前一样，这是一波“正常”的调整，稍作休息之后，市场仍然会创出新高，而那些唱衰的声音毫不足虑，毕竟在乐观者眼中，那些唱空时日越长的，越发是失败者——他们已经踏空了过去两年的黄金时代，接下来，他们还会踏空中国股市的万点时代。

然而，这次的市场不一样了。期待的大反攻并没有到来，相反，股市在一波短暂的回调之后，迎来的是一波更加凶狠的下跌。6000 点，5000 点，4000 点……没有哪个利好消息能够成为挽救市场的利器，相反，一个个接踵而来的利空消息倒像是精准的炸弹，每次都会把市场炸出一个惨烈的大坑。结果显而易见，越来越多的人发出哀号，那些在 6000 点、5000 点、4000 点入场的“抄底”者，最后都变成了接盘侠。

后来我们当然知道，2007 年开始爆发的全球金融危机，是自 1929 年以来最为严重的一次。这次危机虽然发生在美国，却影响了全世界，而作为与美国有着密切经贸往来的中国，自然也会受到这场危机的严重波及，而这种波及，最终会体现在经济增速变化以及金融市场的波动上。

然而，当时的大多数媒体和评论家似乎并没有认清这种状况的严重性，或者根本不承认这种逻辑。毕竟在多数人的眼中，中国的股市自打出生就具有特殊性，更有甚者，将中国股市称为“政策市”——也就是说，在多数人的眼中，中国股市的走势，更多地与中国内部的政策有关，而其他的因素，似乎永远无关紧要。

然而，回头看看，我们却不难发现，当时美国的金融危机，不但造成了美股的崩盘以及数家大型金融机构的倒闭，也对中国经济增速以及中国企业的盈利产生了严重的冲击。原本乐观的盈利预期一夜之间逆转，企业不得不面对突然袭来的订单中止、付款延迟以及其他不可预知的风险。预期的改变，势必会影响人们的信心，而信心的变化，则势必会反映在股价的变化上——更何况，当时的中国股市早已经鸡犬升天，任何一点点的风吹草动，都足以让这个又大又脆弱的泡沫，一下子就完全爆裂。

任何金融市场，哪怕再“特殊”，也要受到一般规律的掌控。任何泡沫都会破灭，任何的非理性都会遭受灭顶之灾。从荷兰的郁金香泡沫，到英国南海公司的股票，一直到 21 世纪初的网络泡沫，无不如此。中国的市场也永不例外。

（二）

于我而言，能够在初入金融报道这一行时便经历如此重大的变动，自然获益匪浅。癫狂与恐慌让我看到了市场非理性的一面，让我对这个市场产生了敬畏。

在大泡沫破灭之后的几年之中，整个中国股市都沉浸在一种自我修复的状态之中，其时间之长，让很多个人投资者都失去了忍耐力。整个中国不再有人人谈论股票的盛况，股票的活跃账户一蹶不振，每天的交易量也一直维持在低位，我所在媒体的用户访问量，也从此无法企及当初的高峰。

全球市场逐步复苏，中国股市却似乎再次陷入所谓的“特殊性”之中。几年下来，A 股在 3000 点上下涨涨跌跌，起伏当然还有，然而却无法让人印象深刻。作为这个市场的记录者，我一度怀疑，中国市场已经彻底抛却了非理性的束缚，变成了一个越来越“小众”的玩家战场。

但到了 2014—2015 年，我终于知道自己的想法错了。

可能是因为某些导火索的刺激，又或许是因为市场沉寂得太久，在2014年下半年，中国股市又一次像火山一样爆发了。在权重股的带动下，上证指数很快从2000多点崛起，迅速冲破了3000点，接着一骑绝尘，在2015年很快冲破4000点和5000点……

或许是仍然铭记7年前泡沫的伤痛，那些曾经在上一轮市场中被收割的散户，这一次的动作有些缓慢，但新一代的年轻投资者却义无反顾地冲入了市场。那些提示风险的评论者毫无疑问再次遭到了嘲讽，与此同时，媒体上也开始充斥着各种年轻80后投资者大胆注资、迅速翻倍的传奇故事。于是乎，越来越多的资金进一步流入市场，癫狂再一次推高了交易量，而上证指数突破6124点也几乎是指日可待。

令我感到惊奇与迷惑的，当然是那些在2007－2008年熟悉的景象，似乎一夜之间都回来了。在微信群里，在餐桌上，甚至在最高学府金融学院的课堂上，大家讨论的都是股市和股票。炫耀收益率的情况也再次出现，无论在哪里，总会有一个股神在那里和别人交流心得，谈论炒股的经验，分析市场的前景……不得不说，我很快就感到了恐慌，并隐约感觉到，在狂欢的背后，一场暴风雨或许即将到来。

我的预感毫无疑问是正确的，但是却低估了市场的惨烈。与上一次持续两年多的大牛市不同，这一轮市场行情上涨更快，但下跌也来得更猛。从2014年年中开始的暴涨，到2015年年中戛然而止，之后市场开始像泥石流一样倾泻，一时间灰飞烟灭，很多人尚不明所以，就俨然已经被深埋到了或许几年都逃不出的坑里。而仅仅只是几天的时间，那些曾经高谈阔论收益率、指点江山激扬K线的股市先知们，已然从微信群悄悄隐退。这一次，甚至没有人像几年前一样谈论什么反弹了——市场的表现太强烈，已经没有人相信会有反弹了，更多的人关心的是如何从这股泥石流中早日逃脱。

在这次短短的牛市轮回中，我曾经劝过几个朋友，要早点入市早点卖出，然而他们的操作却与我的建议截然相反：他们在牛市启动的时候，选择了躲避与观望，却在牛市即将崩盘的时候进入了市场。这样的操作让人无奈，却并不出乎我所料，毕竟正如我在过去几年亲身见闻的那样，踏错节奏亏钱，似乎才是普通投资者的常态。

（三）

金融报道的生涯让我学习和领悟到，历史从不重复，但总是有相似的韵脚。在金融市场中，这些相似的韵脚之一，就是个人投资者的非理性。而正是投资的非理性，注定使得投资一定是亏多赚少。

这不仅仅只是我的一种切身感受，也是很多经济学家的权威研究结论。例如，2017 年诺贝尔经济学奖获得者、芝加哥大学教授理查德·塞勒所属的行为经济学派就一直试图解释，人的非理性正是导致投资出现问题的重要原因之一。

结合了心理学研究的行为经济学，是近年来最受关注的经济学派之一，它之所以能够获得一定重视，就是因为可以解释人为何会如此容易地犯下种种“不应当”犯下的错误。

简单而言，行为经济学通过观察，得出了如下几个重要的结论：

第一，人并不具备全知全能的理性，相反，人类的认知是有局限的。没有人能掌握所有应该掌握的信息，理解所有应该理解的事情。

第二，人有过度自信的问题。过度自信会使个人觉得自己的决策优于平均水平，但实际上这并不是事实，因为每个人都优于平均水平的情况是永远不可能出现的。

第三，人会受到情绪的影响，情绪又会影响人的决策。

个人投资者的投资行为显然会受到以上三个方面的影响，并且有着不同的表现。例如，因为投资者有认知局限，无法掌握全面信息，所以他在选择投资哪只股票上就会有认知偏差和偏好。例如，他可能仅仅是因为对某只股票更熟悉、和某只股票所在公司距离更近就购买了某只股票，他也可能仅仅因为某只股票过去一直在涨，就认为它之后还会上涨，他还可能因为认知偏差而不喜欢做更为全面的资产配置。

过度自信会让散户认为自己的水平更高，所以会导致自己更为频繁地买卖股票，但是，这样的行为往往会造成更大的损失，而不是获得更多的收益。

情绪则是更为复杂的影响因素。实际上，正如另一位行为经济学学者、诺贝尔经济学奖得主罗伯特·席勒所言："投资者的情绪是导致牛市最为重要的一个因素，"市场向好会让投资者情绪高涨，而高涨的情绪反过来可能进一步推动市场向好，如此周而往复，牛市就会被推向极致。反过来，牛市的崩溃实际上也与投资者的情绪密切相关，下跌会导致情绪变坏，而变坏的情绪会加速市场的下跌。

正因为非理性是投资亏损的原因，因此对于普通投资者而言，要想摆脱投资亏损，减少非理性的行为就是唯一的投资制胜之道。

传统的投资制胜哲学其实都是反非理性的方法。这些方法总结起来，不过是两点：

第一是逆向投资。正因为人的情绪会影响市场并导致市场非理性波动，因此抓住这些机会，反向操作，不失为一种理想的投资方式。巴菲特那句"在别人贪婪时恐惧，在别人恐惧时贪婪"，就是这种逆向而行的精彩写照。

第二是减少交易，长期投资。减少交易是对人过度自信的克服，而长期投资则可以消除一定的不确定因素，使得投资本身的价值得到充分体现。

但传统的方法并非战胜非理性的唯一武器。实际上，在过去的五十年中，伴随着人们对自身局限的认知深入，人们逐渐找到了抵挡非理性投资的新武器——用机器投资。

（四）

尽管我们在这些年听到了更多使用机器甚至人工智能进行投资的概念，但实际上，在投资中引入机器，并非是近来的新事物。我们甚至可以说，一部炒股的历史，就是一部机器逐步替代人类的历史。

在19世纪，当股票交易所开始建立的时候，为买卖报价就是交易的核心问题之一。最初，这项工作主要是靠交易员的手势和喊叫来实现的，但随着交易向纵深发展，数据处理就变成了一项繁重的工作，于是，引入机器进行报价与清算等工作，自然就成了一个必然的趋势，只不过最初的机器可能是带有纸带的报价机，但到了20世纪后期，它就变成了计算能力越来越强大的电脑设备。

从20世纪50年代开始，一批具有数学与物理等背景的高学历人士，逐步发现利用数据统计与概率计算，可以更多地发现市场中被忽略的套利机会。而为了更快地发现这些机会，就必须要掌握更多的数据，更快地建立复杂精准的模型，而能让他们实现这一目标的，无疑只有那些计算能力越来越强大的计算机。

而随着市场规模的放大以及交易量的提升，使用机器更快通过交易获利并且在迅速买卖的同时降低交易成本，也成了华尔街制胜的法宝之一。与散户的那些慢如龟速的交易相比，专业交易者不但交易速度快如闪电，交易额度也更为惊人——如果说散户的一笔笔买进卖出就像是便利店的零售行为，那么专业人士被称为程序化交易的操作方式，则宛如大型物流批发，可以瞬间改变市场的形势。

除了巨量与快速，机器交易的另外一个特色是可以按照事先设定的规则执行交易。这意味着机器可以严格地遵守交易规则，而绝不会像个人那样，因受到情绪的左右而随意改变交易策略。除此之外，通过风险控制模型，机器可以对市场风险进行严格的把控，而这也是仅具有有限理性的人难以做到的。

随着技术的发展，程序化交易逐步成为市场主流。机器统治了交易市场，专业的交易者则成为站在机器身后的操盘者。自20世纪七八十年代开始，欧美国家的散户逐渐被机器击溃，进一步退出了股票市场。

进入21世纪后，机器支撑的交易更加大行其道，对资本市场的统治力更是有增无减。人工智能的崛起进一步加强了这种趋势。在此之前，技术更多的只是交易员思想的执行工具，然而在最近几年，专业的交易员已经开始成为技术发展的牺牲品——就像阿尔法狗可以战胜世界冠军李世石那样，金融领域的人工智能似乎也已经达到了取代交易员的水平。

交易员的地位不保，普通投资者同样面临着窘境。在2008年金融危机之后，一种以散户为主要客户群体的新财富管理模式——智能投顾开始崭露头角。所谓智能投顾，就是依靠计算机人工智能技术，帮助用户实现个性化的资产配置。这种既可以降低交易费用，又可以控制风险、遵守纪律的新物种，一方面看起来像是普通人的福音，但另一方面，它再次将散户推向了“失业”的境地。

一切还在快速发展，而人工智能是否会最终取代职业投资者，也正是本书最关注的核心问题之一。很显然，由于技术的进步、人工智能的进阶，很多职业注定会消失，一直关注人工智能的李开复博士甚至宣称，未来90%的工作都会被机器取代。在这样的情势下，散户走入历史，也未必不是不可能之事。

作为一本以介绍智能投资为核心的作品，这本书将把重点聚焦于机器和技术的崛起，以及智能技术如何一步步改变投资这个话题上。在本书的第一部分，我们会回到几千年前，从智能的产生及金融思想的发展入手，去揭示智能与金融在本质上的天然联系。之后，我们从人工智能以及智能量化投资的崛起入手，去了解其在20世纪的主要发展脉络。

本书的第二部分则会将重点放在21世纪。在21世纪的第一个10年中，世界经历了两次大的泡沫，而这两次泡沫都与智能投资的发展不无关系。在21世纪，量化投资以高频交易的方式达到了极致，但也引发了巨大的争议。最近的10年则是以机器学习尤其是深度学习的人工智能崛起的时代，这种新的方法将静态的量化模型变成了一种动态的相关性研究。机器学习成为智能投资的新圣经。

智能投顾是本书第三部分的主题。既然机器取代了人，那么人应该如何参与投资？人工智能不应该成为某些人的专属工具，相反，大数据和机器学习应当为普通的个人投资者提供服务——智能投顾就是这样的一种普惠金融手段。在这一部分，我们首先会回顾智能投顾崛起的背景及其在美国的发展，然后回到中国，回顾与梳理中国在过去几年涌现的新变化。

在本书的最后一个章节，我们会回到人工智能与人这一话题上，提出本书的观点：我们应当正视智能新技术对人的改变，但是也应该了解机器到底不能做什么。

对于中国股市而言，散户一直是一个特殊的存在，在过去的二十多年中，散户既为中国资本市场的发展做出过不可磨灭的贡献，却也因为种种原因，没有能够获得相应的回报，对于多数散户而言，他们感受更多的是亏损和套牢。

直到如今，散户仍然在中国资本市场中扮演着重要角色，但我们已经明确感受到，他们的市场影响力早已不复当年。在技术的推动下，这种趋势恐怕会继续下去——至少在我看来，技术和智能势必进一步取代个体投资者，成为未来股市的主导者，而作为一个群体，散户恐将在未来十年内逐步退出历史的舞台。其实这也许并没有什么不好，毕竟对大多数散户而言，这意味着他们可以从一件费力不讨好的事情上抽身而退。

人啊，把投资交给机器吧，我们应该做一些更加有趣的事儿！

目　　录

第二部分
智能投资新时代（21 世纪——）

进入 21 世纪，尽管发生了两次与量化交易不无关系的泡沫，但机器和智能在金融投资中的角色有增无减。伴随着机器的进化，静态的量化策略开始让位于动态的算法——以机器学习为代表的人工智能。一扇新的大门刚刚开启。

第三部分
智能投顾新发展

行为经济学与金融危机让人们看到个人投资者的非理性，财富不平等则让普惠金融成为一种必需。由机器主导、面向普通投资者的财富管理由此崛起，这就是我们今天听到的智能投顾。智能投顾诞生于美国，也在中国取得发展。

第一部分　智能投资简史

（从古代到20世纪）

智能的发展并非一蹴而就，而是一个持续的过程。实际上，智能思维自古有之，人与机器的关系也是一个延续了几千年的命题。可以说，从人类开始进化之旅时，智能思维就已经诞生了。当然，囿于计算的能力和思维框架，在20世纪中叶之前，这种发展相对缓慢。但从20世纪中叶开始，人工智能取得了突破性的进展。当然，即便如此，这种发展的进程也并非一帆风顺，甚至可以用跌跌撞撞来形容。

和智能思维的历史一样，人类的金融活动也已经延续了数千年。金融活动天生就要和数字打交道，数字化思维和金融业天生一体。两河流域的苏美尔人在几千年之前就发明了复利，他们将借贷的计算结果以楔形文字写在泥板上。在中国古代的数学作品之中，也少不了关于利率计算的内容。如果说数字计算代表着理性，那么，金融业从一开始就是一种理性的应用。金融在本质上强调量化、强调推理，而这与智能的逻辑不谋而合。

金融的量化属性，却阻止不了大众参与者的疯狂。17－19世纪，金融在继续崛起的同时，带来了一场又一场的财富癫狂。1929年爆发的大萧条将这种癫狂推到了一个新的高度，也给金融带来了新的影响。散户投资者逐渐消退，关注长期投资的金融工具得到了进一步的发展。

20世纪80年代的金融自由化带来了新一轮的金融大发展。科技与智能在金融中扮演的角色有了进一步的提升，机构投资者的兴起以及更多量化分析师的加入，让金融和智能的结合达到了前所未有的深度。

本部分主要讲述的就是智能投资在20世纪之前的发展故事。

| 第一章 |

智能投资史前史：从古代到 19 世纪

何谓智能？

本书中谈到的“智能”二字，是从英文单词 intelligence 翻译而来的。在《牛津词典》中，intelligence 是指“以一种逻辑的方式，对事物进行学习、理解以及思考的能力”。

中国语言之中，原本并不存在“智能”一词，或者可以说，在古代的汉语之中，“智能”可能仅仅是“智慧”加“能力”的缩写。不仅如此，在中国的古代，智能也未必是一种称赞。例如，以齐国名相管仲为名而作的经济思想古籍《管子》一书，就曾经这样说：

是故有道之君，正其德以莅民，而不言智能聪明。智能聪明者，下之职也……是以不言智能，而顺事治、国患解，大臣之任也。不言于聪明，而善人举，奸伪诛、视听者众也。

在这本先秦著作之中，智能，也就是智慧加能力，并非是解决问题的最根本方法，相反，只有道德高尚，才能叫作“有道之君”。在《管子》之中，智能不过是一种解决问题的手段。如果能加以认真利用，那么，智能也是有用的东西，但是无论如何，智能并非事情的全部。

对于多数的中国古代哲学家而言，他们崇尚的智慧其实更多的是一种道德的智慧，而不是一种逻辑思维。所以，中国古代的“仁义礼智信”虽然提到了“智”为儒家五常之一，但这里的“智”，应该说绝无西方的智能所包含的那种逻辑推理意义。

今天中国人讲的“智能”，已经实现了国际化，因为一般我们谈到这两个字时，已经不再将其认为是智慧和能力的结合，而是指代一种和思维相关联的事或者物。智能手机、智能计算、智能打印……如今见诸媒体的“智能”，基本上都是英语 intelligence 的含义，或者是其他近义词及其变种。当然，我们也不得不说，即便“智能”两个字的意义发生了变化，中国人对智能的工具论看法似乎却一直没有改变。当我们讨论任何智能可能带来的改变时，中国的专家最喜欢说的一句话是：智能有用（或者说智能可以赋能），但是 XX 的本质并没有因此而改变。对于中国人而言，智能不是本体，它似乎永远只是一种附属物。这是后话，我们之后再谈。

正因为中国古人所说的智能和西方不同，因此我们谈论现代意义上的智能发展脉络时，主要是探究其在西方的发展历史。

智能发展史前史

智能的基本含义是“以一种逻辑的方式，对事物进行学习、理解以及思考的能力”，那么，这其实也意味着智能既是一种认识世界和解决问题的方法，又是一种认识世界和解决问题的过程。认识世界，既包括认识外在世界，也包括认识自我。正是因此，所谓的智能发展其实也是人类从内到外不断寻求发展的过程。

从森林中走出，开始学习使用工具并且制造工具，大概是人类智能的一大开端。毕竟，走出原始的第一步，正是源于人们开始探究以有逻辑的方法对事物进行学习与理解的过程。《人类简史》的作者赫拉利将人类最早的起点称为认知革命，在随后的发展阶段里，人类学会了语言，也开始掌握合作的技巧。和之后的时间比起来，这个阶段必然有着很长的跨度，同时也因为没有足够的历史记录留存，而显得不那么清楚。但无论如何，人类最初的抽象与推理，起码需要经过几千甚至上万年的实践和累积。

人类在进化发展过程中逐渐产生了物品剩余，而记录物品与物品的分配使得计数成为一种需要，这种需要则推动了数字的出现和发展。在不同的文明之中，计数有不同的方式，也发展出了不同的数字符号。但无论如何，从具体物到抽象的概念计数，这本身也是智能的一大发展。西亚美索不达米亚平原的苏美人是最早发明数学的民族之一，商业和金融的繁荣导致了数学在这里的发展，关于这一点，我们在下面还会更详细地提到。

逻辑学的开山鼻祖是古代哲学家亚里士多德（见图 1-1）。这位著名的哲学家、科学家曾经做了很多但错误的探索，但是有一点却成了经典，那就是著名的三段论：

如果 A 等于 B，B 等于 C，那么 A 等于 C。

图 1-1　亚里士多德

将逻辑与实际生活中得到的经验结合起来，人们就可以推断出新的知识。后来我们知道，这就叫作“演绎”，它与“归纳”等方法一直流传至今，即便是今天的计算机计算，也要以此为基础。当然，计算机所采用的逻辑不仅仅来自亚里士多德。1847 年，英国人乔治·布尔第一次将逻辑转化为数学，而二进制数字的使用更是为计算机和电子元件的发展奠定了基础。

英语中的机器人叫作 Robot，这个表示“被奴役者”的词，直到 20 世纪初期才在一部捷克人的剧作中第一次出现。但是，可以被叫作机器人的东西，大概在 1 世纪时就已经存在。公元 50 年，亚历山大时代的古希腊数学家希罗发明了以水、空气和蒸汽压力为动力的机械玩具，据说，这个机器人可以自己开门，还可以借助蒸汽唱歌。另外，据说在汉朝的时候我国也有了机器人。无论这些说法是否真实，我们大概可以认为，这些都是古代人类在智能道路上的一种努力：他们研究自己，然后试图复制自己。他们希望在人和机器之间建立一种可以互通的逻辑。

我们经常认为计算机诞生于近代，但实际上，精密的计算机器在 2000 多年之前就已经存在。1900 年，希腊人在安蒂基西拉岛附近海底一艘沉没的古罗马货船残骸中，发现了一个神秘、复杂的古希腊青铜机械装置，后来他们意识到，这原来是一个具有精密计算能力的计算器，有人甚至说这就是世界上最早的计算机。然而，这其实并不是人类最早的计算设备。据说世界上最早的算盘来自于古代文明的另一个中心巴比伦，随后计算才开始在埃及以及希腊等地出现，在之后的几千年中，计算器的计算能力越来越强大。

在古代文明的辉煌之后，欧洲进入了长达千年的“中世纪”，这一段“黑暗时期”显然对西方的智能探索产生了负面影响。之后迎来的文艺复兴和启蒙运动让科学和对智能的探究重新回到了正轨。在欧洲大陆，笛卡尔和莱布尼茨等理性主义者强调了心智与物质的不同，在他们看来，正是心智和逻辑——也就是智能——推动了现实。英国的经验主义者另有看法，认为人脑就是一个信息处理的机器。这些人的观点不尽相同，也未必完全可以被理解，但它们证明人们又开始探寻心智，并寻找将其与生产生活连接的可能性。17 世纪，数学家帕斯卡为了解决父亲记账的烦恼，发明了一部机械计算机。19 世纪初，另外一位法国人约瑟夫·玛丽·雅卡尔发明了一种可以通过打孔来设计织布程序的提花织布机。这种机器大大提升了效率，而打孔也为后来计算机编程的发明奠定了重要的思想基础。

蒸汽机发明之后，作为大型工具的机器开始横行世界。工业革命改变了全世界的面貌，也开始拉大东西方之间的差距。当然，在这个时候，机器对人的替代作用也第一次如此明显地表现出来。那些恐慌的人们害怕自己的工作岗位被这些庞然大物所吞没，于是在 1811 年发起了被称为“卢德运动”的事件。他们捣毁机器、表达愤怒，却不知道正是这些他们所反对的智能产物，会在之后的几十年中大幅提高他们的工资、福利以及健康和卫生水平。

早在 1726 年，乔纳森·斯威夫特在其著作《格列佛游记》中写到了一种可以写作的机器。在当时这显然是一种幻觉，不过到了今天，机器人写作早已触手可及。2015 年，美联社就开始用机器人撰写体育新闻。一年之后，中国的腾讯和搜狐也分别推出了自己的机器人写作系统。这些机器写作设备不但能写，而且比人写得更快。

接下来一百多年的智能历史发展变得更加迅猛。电报、电话、电灯等相继被发明出来。1847 年，乔治·布尔发明了二进制逻辑。1879 年，弗雷格发明了谓词逻辑和演算。英国数学家查尔斯·巴贝奇在 19 世纪初期开始受命制造分析机——一种现代计算机的前身，可惜的是限于当时的技术条件，加上英国政府又切断了对他的拨款，他的伟大设想并没有实现，但这无碍他成为现代计算机的先驱。

进入20世纪之后，智能的发展进一步加速。1937年，图灵发明了“图灵机”，又过了8年，IBM公司出资建造了世界第一台可以编程的计算器。而在智能的推动之下，人类社会的发展也变得更加绚烂多彩。

20世纪之前的金融

金融是人类发展的一种本质需求。城市的建立、经济的发展、建立合同、实现借贷，这些都是人类进入新的文明阶段之后必须从事的事项和活动，而金融就诞生于这些活动之中；反过来，随着金融的诞生，一些新的事物被创造出来。此外，原先的诸多混乱需求也因为金融而变得更加有序起来。

最早记录的金融活动，出现在大约四五千年前的西亚地区。当时的现实需求促使当时的苏美人开始缔结契约，进行借贷，制订长期的金融规划，并且还要建立相应的货币标准。借贷、利率以及货币单位都是金融史上的重要发明，在古代西亚文明衰落之后，这些金融理念和技术却都保留了下来。

苏美人不仅发明了复利等金融概念，更为重要的是，他们对金融体系的构建反过来推动了其他事物的发展——例如，正是为了使得契约更加真实可见，苏美人才将契约进行书面的记录，而这或许正是楔形文字等书写形式诞生的重要原因。另外，复利的发明相当于金融模型的构建，而复利的计算恰恰需要更好的数学发展。这些都与金融的本质不无关系。金融需要量化、计算以及推理能力，而需求正是最好的发展推动力。今天的世界其实也并无不同，全世界的经济发展，需要金融进一步发展的推动，反过来，金融提供了最多的数据，对计算的算法和硬件提出了更高的需求，这恰恰推动了人工智能等多个行业的发展。金融是智能推动下的产物，反过来又进一步推动了人类的智能活动。

古代希腊的文明离不开金融业的繁荣。正是因为建立了统一的金融度量衡，税收才得以公平执行，中央财政体系才得以稳固。不过，金融对古雅典的影响也不止于此：在当时人的眼中，是否具有金融素养（简单来说，就是是否懂得计算成本收益），和整个国家体系是否可以稳固发展密切相关。是否能够进行量化评估，不但事关商业上能否成功，也事关能否处理好政治与民主问题。与不靠谱的各种承诺相比，他们更愿意相信数字。

对于延续近千年的古罗马帝国而言，金融的作用也极为重大。罗马帝国疆域宽广，无论是资源的调配还是贸易的范围，都非之前的国家或文明可以比拟，而这恰恰给金融业发展带来了空间。通过金融业，一个横跨三大洲的资本、信贷以及保险体系得以建立，而正是依靠这种体系，罗马帝国才得以维系长久的统治。

广阔的疆域以及持久的统治给金融业带来了创新的土壤。硬币、银行、担保、抵押等一系列如今仍旧存在的金融实体业务，正是在这一时期出现的。不仅如此，一系列更复杂的金融服务，例如财务规划管理以及对历史数据的分析也在这一时期变得重要起来。金融业的发展要求不断增加数据的记录与保存，提高计算的水平，增加对未来预期的判断能力，而这在客观上都推动了智能活动的发展。

在文艺复兴时期，威尼斯的复兴也离不开金融体系的发展。金融市场的形成、公共债券的发行、高利贷冲破教会禁令，都为商业的发展打开了资金的大门。众所周知，此后的欧洲渐入佳境，成了资本主义发展的中心。与之前的历史一样，这一时期的金融发展也推动了欧洲的量化思想发展。数学家帕乔利在这一时期创造了复式记账法，而数学家斐波那契（见图 1-2）的《珠算原理》，则以一个个具体的商业算术问题改变了数字记录与推理的方式。

图 1-2　斐波那契

金融业对风险的评估需求，使得概率这门学科变得更加重要起来。众所周知，概率的出现与赌博相关，最早的概率著作研究的是某种骰子点数出现的概率。后来，一个叫尼尔·伯努利的数学家（见图 1-3）又开始通过体育比赛来研究概率。这位数学家曾经拿自己的研究结果与莱布尼茨——也就是上文提到的对智能发展颇有贡献的那位大哲学家沟通，两人做了不少的交流。后来我们知道，伯努利研究的理论就是“大数定律”：在随机试验中，每次出现的结果不同，但是大量重复试验出现的结果的平均值却几乎总是接近于某个确定的值。举个例子，如果你往空中抛硬币，抛的次数越多，任意一面朝上的概率就越趋近于 50% 的比例。

利用概率处理数据，是数学家对金融的又一个颠覆性贡献。利用对概率的数据统计，政府或者私人企业就可以推测一项举措是否具有金融上的可行性，例如，一项保险是否会赔钱，一项债务是否会导致违约风险等，都可以得到测算。

图 1-3　尼尔·伯努利

概率学让巴黎的一位叫作朱尔斯·雷格纳特（Jules Regnault）的巴黎股票经纪人发现了一个重大的真相：根据伯努利的大数定理，一个人根本不可能靠投机获利，因为一个人在市场上交易的次数越多，他的收益就会越来越接近平均数。借助这一理论，这位 19 世纪中期的著名经纪人成了现代量化模型的奠基者。

尽管和雷格纳特没有什么交集，但数学家巴舍利耶发展了这位交易员的理论。早年在巴黎证券交易所打工赚钱的巴舍利耶发现股票价格遵循着随机游走规律，也就是说，股票价格不可预测。既然不可预测，那么对股市的任何预测就是投机，也就是把股市当作了一个赌场。

除了市场随机游走思想，巴舍利耶的另一个大大超前的贡献就是发现了一种可以精确计算期权价格的数学方法。不过，由于当时人们对期权问题不是很重视，巴舍利耶的研究成果也就被束之高阁。直到 20 世纪 70 年代，期权交易逐步发展起来，巴舍利耶的思想才被从故纸堆里翻出，他也被后世惊为天人。

当然，巴舍利耶的计算还相对粗浅，几十年之后，在雷格纳特、勒菲弗以及巴舍利耶等人的研究基础之上，来自美国麻省理工学院的迈克尔·斯科尔斯、费希尔·布莱克以及罗伯特·默顿研究出布莱克–斯科尔斯模型，给20世纪最后几十年的金融业带来了一场大革命。关于这个方面的问题，我们之后还会具体展开介绍。

对概率的研究固然十分有用，然而市场并不会按照概率的指引前进，就像英国哲学家休谟认为的那样，从过去推断未来总是存在危险的。例如一只火鸡每天早晨都会迎来喂食的主人，却不知道有一天主人会来杀掉它，把它变成圣诞节餐桌上的一顿美餐。基于理性的归纳和推理，无疑会忽视非理性问题和低概率事件的存在，不过，在没有行为金融学和“黑天鹅”理论之前，这些问题并没有得到足够的重视。在20世纪中期之前的历史之中，这样的情况是以无数次的泡沫和危机来印证的。荷兰的郁金香泡沫、英国的南海公司泡沫、法国的密西西比泡沫、20世纪30年代的大萧条，都无疑是这方面的最主要例证。

中国的金融状况

中国当然也有自己的金融历史，契约、信贷、利率以及货币等与金融相关的活动或者概念，早在几千年前就已经出现。但与西方的金融发展相比，中国的金融稍显独树一帜。

举个例子，在古代的西亚，泥板上的楔形文字记录的多是借贷、契约等经济活动，但在中国的甲骨文却以占卜、与上天对话等内容为主。尽管在周朝的青铜器铭文中，我们多少也可以看到一些对当时经济的记录，其中不少内容涉及借贷纠纷和田地转让，但总体而言，这些方面的记载数量相对稀少。

作为重要的数学著作，中国的《九章算术》同样也将重心放在农耕、商业、借贷等实际问题上。例如，在这本书中，就有一道涉及利率的计算题：

今有贷人千钱，月息三十。今有贷人七百五十钱，九日归之，问息几何？

通过这些数学问题，我们可以看到中国早期的金融发展及其对数学等活动的促进作用。在金融与智能的互相促进方面，中西只有时间的差异，但实质并无多少不同。

出于增加中央财政收入、维护政权统治等目的，中国也很早就开展了数据统计，例如，中国很早就有了户籍调查和土地的丈量。但遗憾的是，中国并没有充分利用这些数据收集活动，并将其与金融工具相结合。这也许与中国后来的封闭不无关系。在西方概率学兴起的时刻，中国已经走入了闭关锁国的状态之中，既没有兴趣引入这些新的内容，也似乎没有应用这些内容的实际场景。

中国金融的另外一个特征是债券发行较晚。政府发债是一项重要的金融活动，若运用得当，可以有效地促进社会发展，也使政府有更多的力量推行有利于创新的政策。但与威尼斯在文艺复兴之前就形成了资本市场不同，中国的封建政府一直没有借过债。在金融和智能互相促进方面，中国因为金融业的发展缓慢，而导致智能发展也受到了一定的影响。

小结

结合智能的发展史和金融的发展史，我们可以看到，这两者之间存在着诸多的联系。综合而言，这些联系可以简单归结为如下几个方面：

首先是重视计算和推理。所谓智能，重点就在于以逻辑的方式认识世界，而逻辑认知必然伴随着推理以及必要的计算；金融则是从诞生之初就存在着对计算和推理的客观需求。随着社会的发展，这两者之间的关系越发密切。

其次是两者之间存在着一定的互动关系。从西亚的苏美人开始，我们就可以看到，正是金融的发展推动了文字、计算乃至数学的发展，而反过来，数学的发展也在后来推动了金融的蓬勃。这两者的互动，在过去的几千年中延续不断。

不过，同20世纪的发展状况相比，这种互动还只能算是刚刚迈出的一小步。

| 第二章 |

20 世纪的智能投资

人工智能的诞生

今天，我们几乎每一天都会在公共媒体上听到人工智能这个词汇。实际上，有时候我们甚至会认为，这个词已经遭到严重的滥用。但这种情形出现的时间并不算长，实际上，人工智能真正在中国家喻户晓，也不过两三年的时间。

2016 年 3 月，人工智能程序 AlphaGo 与世界围棋冠军、职业九段棋手李世石进行了一场围棋人机大战，并且最终以 4 比 1 的总比分获胜。在此之前，围棋一直被认为是世界上智力要求最高的游戏，代表着人类最高的智力水平，但是，由谷歌旗下 DeepMind 公司戴密斯・哈萨比斯领衔的团队研发的 AlphaGo 却轻而易举地击败了世界上最聪明的人。

这是一场在事前被大肆宣扬的比赛。在比赛之前，没有多少人敢断言机器会取得胜利，实际上，在多数的媒体上，舆论表现出的都是对机器的嗤之以鼻。那些认为机器会有机会的人，在表达观点的时候也显得小心翼翼，毕竟围棋一直是一种高高在上的智力游戏，在此之前，虽然有计算机能够击败五子棋或者国际象棋的棋手，但是围棋却被认为是更加复杂的项目，以目前的机器智能水平，不少人认为离战胜围棋冠军尚有一定的难度。至于普通人，大家更加无法相信“机器会打败人类”这样的假设，因为在他们心中，机器永远只是人类的工具而已。

但最后的结果却充满了戏剧性。从第一场比赛开始，李世石就输给了机器。此后的几场比赛之中，李世石虽然拼尽全力，也没有能够摆脱这种局面，最终以 1 胜 4 负惨败。

一朝成名天下知，机器的胜利给人们带来了恐慌和迷惑，但无论如何，仅仅用了几年的时间，“人工智能”这个词汇的热度一下子达到了前所未有的水平。各行各业都开始加入了对人工智能的讨论。除此之外，人工智能也开始成为投资圈的热门话题。就像在过去几年人们必须讨论“互联网 +”和“APP”一样，如今大家讨论最多的“风口”和“趋势”，迅速转换成了人工智能。

但在这种狂热的背后，人们对人工智能的了解仍然属于凤毛麟角。实际上，多数人对于人工智能仍然一无所知。大众概念中的人工智能，仿佛是一个凭空冒出来的神奇物种，但真实的情况并非如此。

我们已经在前面已经谈到，智能的发展其实可以追溯到人类使用工具之时。但正如历史所显示的，在过去的漫长历史之中，智能的发展虽然一直在延续，但更多的是为后来的发展奠定思想与工具的基础。在过往的几千年之中，智能尚未过多地影响我们的生活，这一点，从科技的发展上就可以得到证明。帕斯卡发明的计算器并没有得到普及性的使用，笛卡尔的“我思故我在”也不过是一种哲学思维。人类在 15 世纪才进入大规模的印刷时代，又过了 200 年，望远镜才被发明出来。

真正的智能大进步，大体上也就是一两百年的历史。在过去的两百多年中，科技发展进入了一种加速状态。18 世纪，世界上出现了蒸汽机，到了 19 世纪，人类又发明了直流电动机（1834）、电话（1876）、汽车

（1886）、无线电（1897），进入 20 世纪初，人类又发明了飞机（1903）、电视（1925）、编程计算机（1943）以及晶体管（1947）。

科学技术取得了重大的发展，但是对于机器是否能取代人类这一问题，人们仍然没有找到答案。在人类进入 20 世纪的时刻，数学家希尔伯特提出了人类尚未解决的 23 个数学大问题，这些问题的其中一个，就是希望未来的数学家可以证明，任何真理都可以被描述为数学定理。

但在几十年之后，另一位数学家哥德尔却发现，希尔伯特的这个问题是无法证明的，也就是说，在他看来，并非所有的真理都可以被数学描述。哥德尔的这个判断给我们留下了一个关于人工智能争论的伏笔，那就是机器到底能否取代人类。按照哥德尔的意思，如果人工智能就是一种用数学解决问题的方法，那么，它也就存在着无法解决的问题，因此，人工智能是不可能战胜人类的。

但另一位著名的数学家图灵（见图 2-1）思考的是希尔伯特提出的另外一个问题，那就是是否可以将计算的过程全部机械化——现在我们知道，这其实就是算法，但是在当时还没有这个词汇。正如我们在上面提到的，1937 年，图灵发明了图灵机，为现代计算机的发明奠定了理论基础。

图 2-1　图灵

图灵的伟大之处不仅在图灵机上。13 年后，也就是在 1950 年，图灵发表了一篇名为《机器能思考吗?》的文章。在这篇文章中，图灵提出了经典的“图灵测试”，如果一个机器能够通过图灵测试，那么，我们就认为这个机器具有智能。这个测试其实非常简单，假设你坐在两个黑箱子面前，这两个箱子其中一个里面坐的是人，另一个里面则装着一台机器。然后你可以向他们发问或者与他们进行交流，如果在有限的时间之内，你分不清这两个箱子里面哪个是人、哪个是机器，那么就可以认定，这台机器通过了图灵测试，是具有智能的。

尽管这个时候人工智能这个学科还没有正式建立，但是图灵测试的提出，还是成了人工智能发展史上的一个重要标志。不过，图灵并非是唯一对人工智能这一学科有贡献的天才级别学者。

冯·诺依曼是另外一位天才科学家，他的成就体现在数学、量子物理学、博弈论以及现代计算机科学的方方面面。如果说图灵提出的图灵机为现代计算机描绘了构造的蓝图，冯·诺依曼则是这种蓝图的工程实现者。以二进制和程序为核心的“冯·诺依曼架构”后来成了 IBM 等制造计算机的通用准则。尽管冯·诺依曼后来也被称作“计算机之父”，不过，这位博学多才的科学家却非常谦虚，多次强调他的很多创造其实都是缘于图灵的思想。

另外一位天才是维纳。1948 年，维纳提出了控制论。按照他的理论，动物和机器一样，都要通过信息输出然后获得反馈来完成某种目的。既然机器和动物的原理相通，用机器来模仿人也就不是问题了。维纳的这种理论，无疑是人工智能发展的重要基础。

如今，1956 年的达特茅斯会议被认为是人工智能研究的起点。那一年的 8 月，约翰·麦卡锡（John McCarthy）、马文·明斯基（Marvin Minsky，人工智能与认知学专家）、克劳德·香农（Claude Shannon，信息论的创始人）、艾伦·纽厄尔（Allen Newell，计算机科学家）以及赫伯特·西蒙（Herbert Simon，后来的诺贝尔经济学奖得主）和阿瑟·萨缪尔（Arthur Samuel，IBM）等人齐聚达特茅斯学院所在的美国小镇，用两个月的时间对智能问题进行了讨论。为了以示区别，自立大旗，麦卡锡将这次讨论取了一个名字，叫作人工智能夏季研究项目（Summer Research Project on Artificial Intelligence）。人工智能其实就是机器智能，所谓“人工”就是和“自然”相对立的意思。人或者其他动物的智能就是自然智能，被人发明创造出来的机器智能也就成了人工智能。

尽管“人工智能”这个词最早并不是在这次会议上提出的，但的确因为这次会议而变得有名，自此之后，人工智能就成了机器智能的代名词。

跌宕起伏的人工智能

达特茅斯会议上讨论的议题也并非新鲜，实际上，多数的话题都是早已有之，这次会议也没有让大家形成统一的观点，此后这些人也经常互不认同。这样当然是有“坏处”的，因为到如今我们也实在不知道人工智能的严格定义，就连很多学者后来也说，自己研究了一辈子的事儿，后来才被发现和人工智能相关。但无论如何，这一次会议将众多之前涉及智能的议题，统一归结到了“人工智能”这四个字之下。从此之后，人工智能也成了所有智能相关研究的一个代名词。

在达特茅斯会议之后的十年间，人工智能取得了一定的发展，这一段可谓人工智能的黄金时期。例如阿瑟·萨缪尔研制的跳棋程序，就具有一定的自我学习能力，可以通过比赛来提升技艺。1962年，该程序打败了美国的一个州跳棋冠军——这个机器学习程序可以说是最早一代的AlphaGo。1970年左右，一个叫Shaky的机器人在斯坦福大学问世，这是世界上第一个自动机器人。

会下棋，能解字谜，会证明数学定理，还能说英语，人工智能的发展让不少科学家对未来充满了信心，以至于陷入了盲目乐观的境地。例如在

1958 年，赫伯特 · 西蒙就预测说，10 年之内，计算机就能战胜世界象棋的冠军，这个预言当然没有实现，但西蒙也不死心，他后来又接着说："不出 20 年，人类能做的，机器都能做。"这种乐观气氛也感染了艺术界，1968 年，著名导演库布里克将克拉克的《2001：太空漫游》搬上银幕，这部小说创造出了一个叫作 HAL 的人工智能形象。但后来的事实狠狠地打了这位诺奖得主的脸。人工智能并非无敌，相反，它连一个看似简单的翻译都做不好。那个叫作 Shaky 的机器人，原本是准备替代士兵上战场的，但其实它的电池只能支持它活动十几分钟。

显然，对人工智能大加投入的美国军事部门对此非常失望——同样是巨资投入，人家那边都能把人送上月球了，你这边连模仿个人也还不行呢。于是政府大幅削减了投资，商业公司也开始放弃人工智能研究。反对者将人工智能称为炼金术一样的虚幻与欺骗行为，人工智能的发展进入了寒冬。

出现这一问题，大致有三个原因。首先是当时计算机的性能不足。虽然当时半导体发展方兴未艾，摩尔定律也横空出世，然而，硬件的落后导致早期很多程序无法在人工智能领域得到应用；其次，早期人工智能之所以能够取得发展，主要因为他们解决的是特定问题，对象少，复杂性低，然而一旦问题变复杂，机器也束手无策；最后是数据量严重缺失，在当时不可能找到足够大的数据库来支撑程序进行更复杂的学习。

20 世纪 80 年代，人工智能开始摆脱先前的低谷，出现了一段复兴时期。这一期间最为热门的当属"专家系统"。当时，卡耐基 · 梅隆大学为 DEC 公司制造出了专家系统，据说这个专家系统可帮助 DEC 公司每年节约 4000 万美元左右的费用。在此之前，人工智能一直没有什么可靠的商业应用，而这种可以为商业公司节约成本的故事，自然成了发展人工智能的最大噱头之一。与此前不同，这一次走在前面的是在经济上崛起的日本。1981 年，日本经济产业省拨款八亿五千万美元支持第五代计算机项目，其目标是造出能够与人对话、翻译语言、解释图像，并且像人一样推理的机器。迫于竞争，英美国家也不得不再次投入到人工智能的研发之中。然而，专家系统注定也是一场雷声大雨点小的研究，其商业价值并没有想象的那么大，而这也注定了它的失败。

趋势的变化让人工智能一直起起落落，在其鼎盛期，许多人都认为人工智能可以改变世界，人工智能行业的从业者也可以得到更好的职位，更高的薪资。然而，一旦陷入衰落，人工智能又会成为最被厌弃、人人喊躲的行业。

不过，尽管以机器替代人这一思想为核心的人工智能实践受到了冲击，智能的发展却在 20 世纪 70 年代之后步入高潮。这种发展得益于和人工智能不同的另外一派——智能增强派所取得的巨大成果。智能增强的英文是 intelligence amplification，简称 IA，与人工智能的 AI 缩写正好相反。不仅如此，这两派的观点也基本是相反的：智能增强派不太相信机器能替代人类，他们只是想把技术作为人类智慧的延伸而已。与人工智能相比，这一派别的观点似乎更加务实，而且也更像是自古以来的智能思想的延续。从计算器到印刷术，这些都是人类智能的结果，也同时“增强”了人类的智能。

提倡这一理念的主要是一些早期的计算机先驱，其中最有名的一位，要数道格拉斯·恩格尔巴特。如今这位科学家以鼠标的发明而流芳百世，但实际上，超文本系统、计算机网络以及用户图形界面都与他密切相关。恩格尔巴特相信人机互动可以推动人类与技术的共同进化，他也成了这一理念的倡导者。

智能增强的发展要远远比人工智能顺利。1955 年，在贝尔实验室发明了晶体管的威廉·肖克利回到老家帕洛阿托创办了肖克利晶体管公司，拉开了硅谷发展的序幕。之后从仙童到英特尔，半导体行业的快速发展为即将到来的计算机时代奠定了基础。在 20 世纪 70 年代，英特尔推出了第一款商用处理器，施乐中心推出了第一台个人电脑，互联网这个名字诞生了，比尔·盖茨和保罗·艾伦创办了微软公司。到了80年代，这种发展的局面似乎有增无减，苹果公司上市，微软推出了操作系统。到了20世纪的最后十年，整个世界都开始沉浸在互联网高速发展的狂欢之中。

当然，对于追求更高目标的人工智能派而言，这些技术的发展进步虽然带来了希望，但是无论是从计算能力还是数据量的角度，这些进步仍然不足以支撑起人工智能派的梦想。不过任何知识或者学科的发展都不是一帆风顺的，而且，所谓的鼎盛往往也蕴藏着风险，而低谷则可能正是一种革新的孕育期。就像在20世纪80年代，虽然专家系统一度风生水起达到全盛，但当时不受重视的神经网络，却正在孕育革命性的发展，而这种发展的威力，要到30年后才被我们普通人充分认知。除此之外，今日人工智能之所以能成为如此热门的行业，也离不开过去50年智能增强所带来的技术基础。

算法在革新，计算机硬件也在持续发展，个人电脑逐渐兴起，计算能力也不断取得突破。除此之外，互联网开始将全世界的电脑连接起来，一个新的世界正在被创造出来。1997年，在对互联网的乐观情绪即将陷入癫狂之时，IBM的“深蓝”打败了当时的国际象棋世界冠军卡斯帕罗夫，这成了20世纪末人工智能发展的最后一个重大事件。

击败市场：个人投资的进化

金融理应是理性的计算与推理，但它却一直无法阻挡疯狂。对于个体而言，即使是最具有智慧的头脑，也往往会在金融市场的狂热之中丧失理智。

牛顿就是这方面的典型。这位数学家兼物理学家，在自然科学上的功绩尽人皆知——他不但与莱布尼茨各自对微积分学做出了巨大的开创性贡献，还发现了万有引力以及运动三大定律。但除此之外，牛顿还是一位金融思想家与设计者，他不仅曾主管英国的皇家铸币厂，还为英国金本位制度的确立做出了不可磨灭的贡献。

然而，这位天才却没能将这种理性的智慧带入到个人的投资之中。在臭名昭著的 1720 年南海公司股票泡沫之中，这位科学家留下了他人生之中最难堪的一面。

1719 年，因为一项重大利好政策，英国南海公司的股票开始出现上涨，这一涨势一直持续到第二年。随着股价翻番，投资者的情绪逐渐变得狂热起来，越来越多的人加入了买卖股票的队伍。到了 1720 年 6 月，南海公司的股票股价已经比当初高出 10 倍。

在投资者中就有牛顿的身影。这位物理学家在较早的时候就买入了南海公司的股票，到了 1720 年 4 月 20 日，他认为风险逐渐增大，不能再持有这只股票了。这位伟大的数学家、物理学家、天文学家和自然哲学家卖出了所持的英国南海公司股票，获利 7000 英镑。

然而，在牛顿卖出之后，南海公司的股票仍在大幅上涨，一开始牛顿还理智地认为这只是风险加大的表现，但随着大众陷入狂欢，这位物理学家心中充满了“踏空”的沮丧。这时候的他又抛入巨资买回南海公司股票，然而这一次，南海公司股票的泡沫却迎来了破灭。

最终，牛顿以亏损 2 万英镑的结局黯然退场。在当时，这不是一笔小数目。牛顿担任英格兰皇家造币厂主管时年薪 2000 英镑，这意味着，2 万英镑就是他 10 年的收入。自此之后，郁郁寡欢的牛顿再也没有参与证券投资。

“我能计算出天体运行的轨迹，却无法预料人心的疯狂。”牛顿的感悟令人印象深刻。在 1720 年之后，股权投资的确陷入了一段时间的沉寂，但是，似乎没有任何东西能阻止人类一次又一次陷入癫狂，在之后的日子里，癫狂与恐慌如同马克思所言的永远无法克服的固有矛盾，一轮又一轮地上演。

20 世纪 20 年代，伴随着经济的繁荣以及第一批中产阶级的崛起，美国的股市进入了一轮新的狂欢。纽交所已经成立了一段时间，不过此前股票交易所内的买卖长期只限于部分专业人士，但随着普通人收入的提升，更多的个体投资者开始涌入这个市场。毫无疑问，在无限的乐观之下，一场当时规模最大的股市狂欢终于上演。

美国人对股票的突然热衷，有着多种多样的原因。固然，经济与收入的增长让美国逐步超越英国成了全球霸主，民众的情绪陷入了无比乐观之中。但在情绪之外，逻辑推演似乎也是这场大狂欢的推动者。埃德加·史密斯这位华尔街债券分析师，对 19 世纪 30 年代到 20 世纪 20 年代的股票收益和债券收益做了数据统计对比，结果发现，长期看来，股票的收益总是优于债券。另一位经济学家欧文·费雪则更为直接地呼吁买入股票，因为股票连接的是公司，购买股票意味着可以享受公司快速发展的红利。

但这次狂欢的结果并不美妙。市场的繁荣持续了几年，在 1929 年时却陷入崩溃，并且最终酿成了一场旷日持久的全球经济大萧条，随后的世界大战也与此不无关联。直到 20 世纪 40 年代战争结束后，这场危机的影响才算彻底消除。

欧文·费雪是一位有着重要贡献的学者，但在这场大灾难中，他不但自己近乎破产，还赔上了自己的学术声誉。当然，市场的疯狂自有其原因，并不是费雪一人的责任。在上文我们提到过雷格纳特和巴舍利耶对市场随机游走研究的贡献，按照他们的观点，任何的超额收益都应该值得怀疑。不过，这些人都是当年金融圈的梵·高，他们的思想和梵·高的《向日葵》一样，在生前无人问津，直到死后几十年，才被发掘出来。

对 20 世纪 30 年代市场危机的最深刻总结或许来自于著名的经济学家凯恩斯。在他看来，市场并不存在理性，相反，是波动的情绪推动甚至放大了市场的变化。市场上的各种群体缺乏约束，结果都变成了投机者。凯恩斯可能是第一个重要的行为经济学家，他将市场变化的推动力归结为一种“动物精神”。行为经济学要到多年之后才被建立起来，但毫无疑问，凯恩斯是这一学派的重要思想源泉。

另外一位从这场大萧条之中获得启迪与教训的是“价值投资之父”、巴菲特的老师本杰明·格雷厄姆。格雷厄姆一直以精于选股著称，他善于从一堆数字之中发现公司的价值。在 1926 年股市繁荣之时，格雷厄姆和人合伙成立了一个新的投资公司。大牛市让他继续赚钱，但 1929 年股灾降临之后，他的账户也出现了巨亏。1929 年他亏损了 20%，1930 年，以为市场已经见底的他积极买进，但结果证明这是他人生最大的一次错误。在这一年，他又亏损了 50%。他连续五年没能从市场中赚到钱，只能靠教书、写作为生，到 1932 年时，当年管理的 250 万美元已经亏掉了 70%。但格雷厄姆的“价值投资”理念最终拯救了他，在熊市接近见底的时刻，格雷厄姆通过对公司基本面的理性分析，找到了许多价值偏离价格的股票，并且果断买入，这使他最终摆脱了大萧条所带来的损失。实际上，从 1929 年到 1956 年，他的股票投资年化收益率高达 17%。

寻找价值与价格的偏离，当然是一种智能的计算与推演，但相对于那些复杂的数学模型，这个模型显得有些简单。但这种无须高等数学的简单推演，却帮助格雷厄姆、巴菲特以及彼得·林奇等人在市场之中获得了超额的收益。格雷厄姆阐述自己投资思想的那本“价值投资圣经”叫作《证券分析》，后来这本书有了一个更通俗的版本，名字叫作《聪明的投资者》（The Intelligent Investor，这里的“聪明”与“智能”一词同源，见图 2-2）。

沃伦·巴菲特说，凡是读懂格雷厄姆的人，都赚了大钱。但是真正读懂格雷厄姆的，恐怕还是巴菲特自己。

巴菲特年轻时就对股票买卖感兴趣，但是在 1950 年遇到格雷厄姆之

图 2-2　《聪明的投资者》（修订版）

前，他似乎与其他的投资者并无分别。“50 年前，我在哥伦比亚大学开始学习格雷厄姆教授的证券分析课程。在此之前的 10 年里，我一直盲目地热衷于分析、买进、卖出股票。但是我的投资业绩却非常一般。”不过，这种情况在他师从格雷厄姆之后发生了改变。“从 1951 年起，我的投资业绩开始明显改善，但这并非由于我改变饮食习惯或者开始运动。唯一增加的新的营养成分是格雷厄姆的投资理念。”

巴菲特从格雷厄姆那里学到了“捡雪茄屁股”的价值投资方法（见图 2-3）——有些企业虽然接近倒闭，但市值却是被低估的，因而仍能从其身上赚钱，这就像你发现一个雪茄屁股，还能抽上最后一口一样。这种方法给巴菲特带来了好运，到了 1956 年，巴菲特就将自己的 9800 美元变为 14 万美元。

但巴菲特没有止于格雷厄姆，而是延伸了他的思想。这种思想，按照他自己的说法，就是“滚雪球”：找到最湿的雪和最长的坡。

如果说最湿的雪在于找到价值所在，最长的坡体现的则是时间与复利的价值。复利是苏美人于数千年前发明的金融技术，但在古代人那里，这只是一个写在泥板上的神话——没有哪个王国或者哪个人能够真正让这个可以把 1 变成无穷的简单数学公式变为现实。

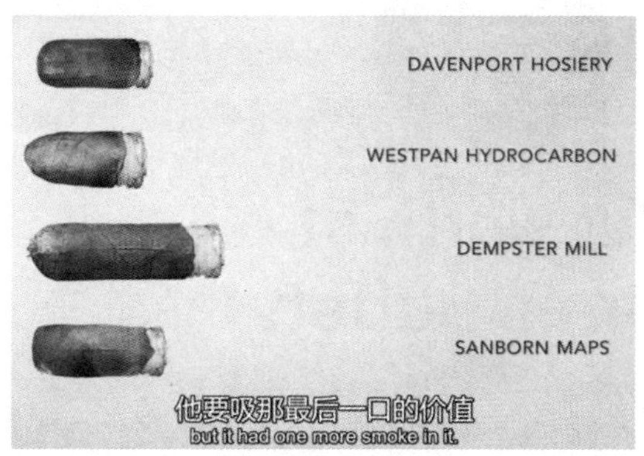

图 2-3　巴菲特的“捡雪茄屁股”策略

来源：纪录片《成为巴菲特》

但在某种意义上，巴菲特把复利的价值变成了真实的财富数字。1957 年时，巴菲特掌管的资金只有 30 万美元，到了 1962 年，这一数字变成了 720 万美元。1964 年，他的个人财富达到了 420 万美元，掌管的资金则已经高达 2200 万美元。1968 年，巴菲特的个人财富达到了 2500 万美元。不过，复利的威力直到这时还只是刚刚显现，因为巴菲特真正的财富基本来源于 60 岁之后。在 52 岁那年，巴菲特的身家大概只有 3. 7 亿美元，但是到他 66 岁时，这一数字变为了 170 亿美元（见图 2-4）。

巴菲特的成功秘诀看起来非常简单，毕竟复利公式的复杂性远远比不上那些复杂的数学模型，而且其计算也无须动用人工智能——实际上，巴菲特虽然也要做数据的梳理和分析，然而这样的数据梳理和分析只要人脑就足矣。

但起源于格雷厄姆的这一简洁模型，却有着一个普通人难以企及的基础假设——执行价值投资的人必须拥有钢铁一般的意志力，而且其情绪不会受到市场任何变化的波动。忠实于价值投资的人必须比任何人都要理性，甚至要趋于一个完美的英雄。而这恰恰是为什么总是有人声称要学习

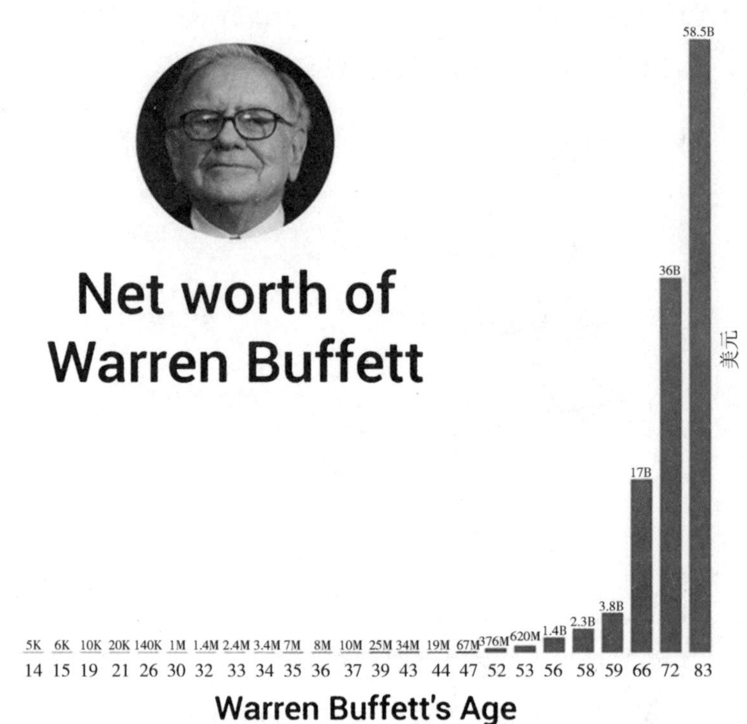

图 2-4　巴菲特的资产净值变化

巴菲特，却永远也成不了巴菲特的一个重要原因。

我们知道，从雷格纳特到巴舍利耶，有效市场理论的支持者绝对不会同意“市场可以战胜”这样的说法。但价值投资者和技术分析派却不会赞同巴舍利耶。技术分析和价值投资可以算是 20 世纪诞生的两大并列投资（或投机）思想，虽然在价值投资者眼中，技术分析和占卜师、星座预言家以及太阳黑子追随者之类一样，属于“巫术”的一种现代版本，但技术分析和价值投资一样相信市场可以战胜。而且，至少在 1929 年时，技术分析派要比格雷厄姆的表现更为出色。

道氏理论是技术分析的原点。虽然《华尔街日报》的创始人和首位编辑、道琼斯指数发明者查尔斯·亨利·道并没有将自己的思想称为道氏理论，但他的确是这一思想的创始人。1902 年 12 月道逝世之后，《华尔街日报》记者将其见解编成《投机初步》一书，从而使“道氏理论”正式定名。之后，威廉姆·皮特·汉密尔顿和罗伯特·雷亚继承和发展了道氏理论，《股市晴雨表》以及《道氏理论》等书籍成为道氏理论的经典著作。

道氏理论有三个核心思想，其中，三重运动原理最为重要。在三重运动原理中，道氏将市场的走势分为三种运动，即基本运动、次级运动以及日常波动。市场的基本运动是可以被预测的，预测次级运动则很容易被欺骗，而日常运动是随机漫步的，是不可预测的，因此，市场的主体趋势是可以被预测的，而每一个价格的波动时间和位置又是测不准确的。

1929 年的夏天，汉密尔顿发表文章称，市场将迎来衰落，熊市即将到来。这一随后被印证的观点，让不少技术分析的追随者得以躲过一劫。技术分析的地位也借此得以进一步确立。

但市场上对技术分析的质疑从来没有消失过。一位精于数据分析和统计的出版人搜集到了汉密尔顿在二十多年中的所有股市预测，试图证明他对 1929 年大崩盘的分析只不过是瞎猫碰到了死耗子。但也有人指出，技术分析本身就是一个量化模型，只不过这个模型和价值投资一样简单。与后来出现的各种量化模型相比，原始的技术分析更多的是一种思想体现，但是因其能准确预测危机，足以说明模型并非越复杂越好。

技术分析在普通投资者心中的地位远高于价值投资。这或许是由于技术分析对人本身的要求并不像价值投资那么高。你不需要像巴菲特那么执着或者坚定，也可以获得不错的收益（起码理论上如此），技术分析本身也比分析公司财报更加容易上手，因为对前者而言，其隐含的一大思想基础是价格包含了所有的信息。

但是，对于多数散户而言，这种能够快速上手的分析方法，其实不过是满足了他们的投机性思维。正如后来的行为金融学所发现的，普通的投资者最容易犯的错误之一就是过度高估自己（过分自信），他们普遍认为自己的水平高于平均，因此也非常容易高估自己对技术分析的掌握能力。

不过，这并不妨碍一批又一批的人前赴后继地投入到技术分析之中。毕竟，技术分析背后所隐含的思想，其实是认可统计的价值：通过对历史的分析，我们可以得出未来发展的大致概率。这其实是对数学的一种坚定信仰。

在凯恩斯、价值投资者与技术分析派之外，对经典市场有效理论提出质疑的个人投资者非索罗斯莫属。与以上几派不同，从匈牙利逃出纳粹魔爪的他似乎更相信直觉的力量。正是利用这种直觉，他从 20 世纪 70 年代开始，成了华尔街最为耀眼的投资明星之一。而 1993 年狙击英镑、1997 年做空泰铢等行径，更让他成为举世瞩目的争议性投资者。

索罗斯将自己的思想总结为一个叫作“反身性”的理论模型。按照这个模型，反身性就是一种双向反馈机制。在这一机制之中，现实世界会塑造参与者的思维，而参与者又会不断地塑造世界。在某些时刻，索罗斯是凯恩斯思想的继承者，他和凯恩斯一样，认为决定市场价格的未必是基本面，而是参与者的“偏见”，也就是他在参与市场之过程中形成的对市场的认知。不过，索罗斯认为参与者会影响市场，导致市场失去独立性的思维，似乎更倾向于量子力学的思维方法——这也许正是他和罗杰斯所创立的基金名为“量子”基金的原因。

与其他著名的投资者相比，索罗斯的投资成绩毫不逊色，但是他的理论却更复杂。价值投资者理论难以实践，技术分析容易人云亦云，索罗斯的思想则让一般投资者更加难以寻觅到学习之道。价值投资需要过硬的意志力，技术分析需要加强对数据的分析，索罗斯的思想则几乎无法靠人脑复制。诚然，这些骄人的思想是 20 世纪投资历史上最为美丽的花朵之一，他们多数都结出了丰硕的果实，也为后世提供了无尽的理论基础。然而，人们频繁讨论这些人和他们的思想，与难以找到实践这些思想的方法之间，形成了一个无解的悖论。

散户退潮与交易电子化

凯恩斯、巴菲特、索罗斯等人都是我们今日仍在津津乐道的投资明星，然而，这种讨论却无法掩饰 20 世纪投资的一种趋势——1929 年大萧条之后，散户逐渐退出直接交易市场，机构转而成为市场的主力，最起码，发达国家和成熟市场表现出了这样的趋势。

1720 年欧洲的股票泡沫，曾经严重打击了普通民众参与股权投资的兴趣。也正是因此，在之后的百余年中，严重泡沫事件也大幅降低（但仍然存在）。1792 年美国股票交易所诞生之时，也仍然是一个小圈子内部的活动。

20 世纪 20 年代，美国股市的繁荣让市场交易再次活跃，与此同时，交易机构为了获取经纪佣金，也开始大肆鼓吹类似于“无股权不富”这类的口号。也正是在此期间，美国的家庭大量涌入股市，成为直接交易股票的散户。但 1929 年突如其来的股灾严重打击了此前信心满满的个人投资者。无数人在这一过程中倾家荡产，也开始对直接投资心灰意冷。

不过，散户的退潮并非一朝一夕之事。实际上，在 20 世纪 40 年代末至 50 年代，美国股票市场的交易主力仍旧是散户。这与二战之后美国经济的恢复不无关系。

但无论如何，与泡沫顶峰时期相比，直接持有股票的人数占比还是在下降。这与两个原因有关：一个是美国的养老金的入市，另外一个则是共同基金的发展。

养老金制度的完善与 1929 年的大萧条直接相关。危机暴露了市场的不稳定性，无数人一夜之间失去工作和财产的风险，使得为民众建立更好的保障成了政府必须考虑的任务。

从20世纪60年代开始，养老基金逐渐成为市场的主力之一。大量的资金涌入股票和债券市场。他们所拥有的资金数以十亿计，因此成了市场上名副其实的大户。与此同时，随着民众收入的提升，他们也开始购买商业人寿保险，这些保险公司逐渐壮大，其雄厚的资金也成为整个股票市场的源头活水。

共同基金是另外一个强大的机构投资者。共同基金最早诞生于荷兰。1774年，荷兰发行的一种名为“团结创造力量”的证券组合之中，不但有欧洲的银行债券，也有种植园的抵押贷款和丹麦的过路费。以现在的眼光来看，这种组合的国际化程度之高、投资品种之分散，也令人十分惊讶。

19世纪末期，封闭式基金在美国出现，由于缺乏监管，这类基金很快成为内幕交易和杠杆交易的温床之一。1929年股市崩盘之后，美国总统富兰克林·罗斯福决定重整金融系统，公募基金的繁荣也就成了他的一项重要功绩。到了20世纪40年代，这些为小投资者服务的共同基金逐渐崛起，成为和养老基金并重的一支机构投资力量。

实际上，无论是养老金投资还是基金投资，其大规模崛起的时间都在20世纪六七十年代之后。市场的繁荣使得新的资金不断涌入，而新资金进入市场的方式，则越来越选择间接的机构而不是直接交易。1961年时，散户投资者的交易量仍占到纽交所总交易额的51%，但是到了1969年，散户的交易量就萎缩至33%。

散户在萎缩，但市场在机构参与者稳步增加的情况下，出现了交易量的巨额放大。1960年时，纽交所的日均交易量不过300万股，但到了1970年，这一数字上升到了1200万。这给交易所传统手工业式的服务带来了巨大压力。

1867年，美国电报公司的雇员爱德华·克拉汉（Edward A. Calahan）发明了股票报价机，这个受电报启发而发明的机器，可以在长长的纸带上打印交易股票名称的缩写、交易价格以及交易量。在很长的时间内，股票报价机成了华尔街市场的象征之一。1929 年股市崩盘时，华尔街最忙碌的可能并不是交易员，而是股票自动报价机——据说在 10 月 29 日这天，自动报价机打出来的报价纸带长达 1. 5 万英里，直到市场关闭 4 个小时之后才停下来。

古老的纽交所对此也似乎束手无策，它还在使用股票报价机，虽然处理速度更快，但毕竟已经是快 100 年的老玩意儿了，根本无法应对新的情况。这时候，计算机和电子显示屏开始进入证券交易领域，成了报价机的替代品。尽管当时的计算机价格昂贵，也比较笨重，但是很明显，这已经成为一种不可阻挡的趋势。纽交所给自动报价机连上了一块显示屏，这样在交易大厅里走来走去的交易员就可以随时看到股票报价了。

不过，仅仅对信息系统的提升尚不足以解决当时的交易需求，因为此时的纽交所还有另外一个规定：所有股票都必须是实物凭证交付，即只有在买方收到交付凭证之后，才可以付款。场内交易达成之后，一方经纪会将股票像包裹一样放到箱子里，然后靠人力送给对方经纪，之后再把交割资金送回来。

换手率的增加导致交易所不堪重负，华尔街到处是堆积如山的纸张，许多的交易仅仅是因为记录差错而导致无法执行。据说，仅在 1968 年，就有 40 亿美元的交易因为这个原因作废。交易的压力甚至导致纽交所一度缩短了交易时间。

和信息显示不同，计算机在这一时期的交易中也尚不能担当重任。这主要是由于当时计算机处理速度不够，也是由于各种计算机尚不兼容造成的。但是，交易负担所导致的效率降低与亏损，仍旧使得金融机构与交易所都认识到，这个问题必须解决，而解决的方式，除了依靠计算机和电子化，别无他法。

然而，对于已经近 200 年的纽交所来说，任何一步改革都可能会触犯既有的得利者，即使是一点点微小的变化，也势必要面对无休止的争论。在这样的背景之下，1971 年，一个叫作纳斯达克的市场趁势出现了。

纳斯达克是“全美证券商协会自动报价系统”的简称。和纽交所靠手势和喊叫进行交易的骄傲传统不同，这个新建立的市场采用了全新的计算机技术，把全美数百个做市商的交易终端和位于康涅狄格的数据中心连接起来，从而形成了一个统一的系统。起初，纳斯达克和它的名字一样，只是为交易者提供电子化的报价并以此替代那些纸质的报价单，之后才逐渐发展为企业上市交易的平台。

采用了崭新计算机技术的纳斯达克可谓生逢其时。20 世纪 60 年代末到 70 年代恰恰是美国计算机技术发展最快的时期之一。芯片以摩尔速度更新，计算机正在变得越来越便宜和便于操作，软件公司不断崛起，而且更值得欢呼的是，互联网也在这一时期诞生了。在 20 世纪 60 年代前期，这些技术的主要使用者仍然是军方，但是到了 20 世纪 70 年代，计算机、软件和网络已经开始从军事领域转向商用领域，而需要量化和推演的金融业显然是这些新科技发挥价值的主要战场之一。

计算机赋能的纳斯达克很快就显露出处理交易的强大能力。在 1972 年，它的股票交易量就已经占据了全美三大市场的第二位。

天生的科技优势，加上比纽交所更为宽松的上市条件，也使得纳斯达克成了 20 世纪 70 年代之后各路科技公司上市的首选。微软、苹果、英特尔、思科等如今家喻户晓的科技公司，都是从纳斯达克走入公众公司行列的——对于当年的这些科技新贵而言，这叫志趣相投：不选纳斯达克，难道要去找那家还在靠人吆喝做买卖的纽交所吗？

科技成就了纳斯达克，纳斯达克也在后来成就了一批又一批的科技公司。这种美妙的关系在 20 世纪最后的十年达到了极致，而那时的纳斯达克也成了新经济的全权代表，即便历经网络泡沫，去纳斯达克敲钟至今仍是创新一代的终极目标之一。

而从一个交易所的角度看，正是计算机和电子化的崛起，使得纳斯达克在短短的几十年内就成了全世界第二大交易所。在很多方面，这家至今仍然年轻的交易所无疑走在了拥有 200 多年历史的纽交所前面，成为世界学习的榜样。

机器投资的崛起

在牛市之中，几乎所有的股票都会上涨，而正因如此，那些牛市之中的散户往往也会变得感觉良好，觉得自己简直就是股神。但是实际上，正如约翰·肯尼斯·加尔布雷斯所说的，真正的股神，实际上是牛市本身。

20 世纪五六十年代，美国经济经历了战后最强劲的一段复苏时期，美股也因此进入一段持续十余年的黄金期。这段牛市让很多民众恢复了信心，他们重新回到了市场中来，尽享这场牛市的成果。投机又开始兴盛，对电子股的炒作和今天对包括人工智能概念在内的炒作并无二致，而等到这样的炒作结束，市场又开始谈论业绩为王。到了 20 世纪 70 年代，华尔街又发明出所谓的“漂亮 50”概念。种种迹象表明，后来的许多市场故事，简直都是这一时期投机热潮的翻版。

以基本面研究加上技术分析为核心的共同基金也在这一时期取得了发展。除此之外，那些充分依靠投资人个人才华的对冲基金也在这一时期诞生，并且一飞冲天——巴菲特就是其中的一员。各种基金似乎在一夜之间成立，基金经理也成了最为热门的职业之一。

但到了 1968 年，情况发生了变化。美国因为越战、能源危机及内部经济等因素，陷入了一段内外交困的日子，而这也让金融市场受到了严重打击。牛市结束了，那些原本顺风顺水的基金经理一下子跌入低谷，不少对冲基金更是直接关门大吉。到了 20 世纪 70 年代中期，60 年代下半期设立的不少基金都已经消失得无影无踪。

熊市一到，那些所谓“战胜市场”的理论，顿时也就变得让人难以置信，而所谓的散户股神们，在这一时期也开始感受到寒意，他们又一次选择退出市场。散户在市场中的占比也因此继续下滑。

1973 年，美国经济开始陷入滞胀状态，美股也因此出现又一轮大幅下跌。沮丧的战胜市场派在这一年受尽嘲讽，而伯顿・马尔基尔的《漫步华尔街》则更是从理论和统计上给予这些人痛击。“有效市场理论告诫我们，无论投资者的策略有多么明智，从长期来看，也不可能获得超过一般水准的回报。”在马尔基尔看来，巴菲特这种投资者，只不过是市场上的个例，对于一般人而言，他们是不可能走到市场之前的。

马尔基尔对价值投资和技术分析都给予了无情的讽刺和嘲笑。他认为技术分析用过往数据分析市场的做法根本不靠谱，“股价过去的走势不可能以任何有意义的方式用于预测未来的股价”。而从基本面出发的分析师也会犯各种错误，这些错误的体现就是跑不赢市场的业绩。

既然无论价值分析还是技术分析都跑不赢市场，马尔基尔自然开出了自己的药方：投资指数基金。在他看来，只要普通投资者采取“购买并持有”的战略投资于指数基金，就可以获得安全、稳定的长期回报，并轻而易举地击败大多数机构投资者。

持有类似观点的还有一位叫作查理・艾里斯的投资顾问。在 1975 年，他在《金融分析师期刊》发表了《输家游戏》一文。这篇文章的观点和马尔基尔如出一辙：“投资管理行业建立在一个简单而基本的信念之上：职业基金经理能够打败市场。但这似乎是个假象。”艾里斯认为，投资管理是一个典型的“输家的游戏”，扣除市场风险因素后，要击败市场，唯一的办法是发现和利用其他投资人的错误。而作为应对策略，艾里斯的建议是购买低成本的多元化基金组合。

1970 年的诺贝尔经济学奖得主萨缪尔森也在这时候发表了自己的研究成果。作为第一个获得诺奖殊荣的美国经济学者，他的结论自然也会引发关注。萨缪尔森通过数据研究发现，绝大多数的专业投资者都没能跑赢市场，而即便是能够跑赢，我们也非常难判断这是因为运气因素还是因为水平因素。他在 1974 年发表了《判断的挑战》一文，在文章中，萨缪尔森不无幽默地表示，大多数专业投资人应该转行，去做点更实在的事情，比如修个管道什么的。

很多基金从业者对这些“侮辱”充耳不闻，但如此多的相似研究还是刺激了一位华尔街人士的神经，这个人就是美国先锋基金（Vanguard）的创始人约翰·博格尔。约翰·博格尔原先是一家资产管理公司的高管，但后来因为一笔失败的交易而被解雇。1974 年，创立了先锋基金的他开始注意到萨缪尔森以及艾里斯等人的观点，产生了将理论转为实践的想法。在他看来，指数基金这种概念之所以可行，不仅仅是因为大多数主动型基金都跑不赢市场，也是因为这样的基金成本更低，也因此对普通投资者更有吸引力。

1975 年，博格尔推出了历史上第一只指数基金——第一指数投资信托。之后他又将其重新命名为“先锋 500”指数，将其变为一只完全追踪标普 500 指数的基金。这一基金吸收了从马尔基尔到艾里斯的理念，采取完全被动的投资方式，整个投资完全由计算机操作，中间几乎没有人为干预。

被动投资要比那些花钱雇佣分析师画图表分析基本面的基金要节省不少费用，而且在整个过程之中抛弃了大量人工，转而由计算机操作，因此不能不说是投资历史上的又一次重大变革，它预示着计算机化被动投资的崛起。

指数基金的目标不是跑赢市场，而是适应市场。但是，在之后的几十年中，先锋指数基金的业绩的确如当时所料，好于多数由基金经理管理的主动基金。这自然是对主动型管理者的另一种羞辱：在投资领域，机器虽然并没有超越人类的最高水平，但的确已经超越了绝大多数专业投资者的水准。

不过，这种机器投资的崛起也是一个渐进的过程。实际上，先锋指数基金诞生时的规模只有1100万美元，简直是小得可怜，而将基金交给机器管理的做法，也被认为是一种愚蠢行为。另外一家大型基金公司——富达基金的老板当时就说，他无法理解投资者会满足于只获得平均收益。但这种过程一旦开始，就无法扭转。到1999年时，这只指数基金突破了1000亿美元，是创立之初的近10000倍。也正是凭借这只基金的助推，先锋基金逐步成为世界领先的基金公司。

除了那些崛起的被动投资指数基金，其他的机构投资者也在计算机的崛起之中越发认识到智能化的威力。交易显示电子化和交易速度的进步只是其中一个方面，除此之外，智能与量化也逐渐深入到各种类型的机构资产管理之中。

另外，金融投资理论的发展也为这种量化打下了基础，而在所有的理论基础中，马科维茨和夏普的理论又算是基础中的基础。

与个人投资者相比，机构投资更注重长期性、多样化、基本面分析以及对风险的控制。从1774年的荷兰共同基金就可以发现，全球化分散投资早已经是一种实践，但如何精确地进行资产的组合和配置，有效控制风险，却一直是无法解决的难题，直到20世纪50年代马科维茨投资组合理论模型的诞生，才得以解决。

在马科维茨之前，购买收益最高的证券，把鸡蛋放在一个篮子之中然后看住它，是投资界认可的投资收益最大化方式。这种思想来源于实业家安德鲁·卡内基。但是，在1952年，马科维茨却提出，通过分散化，可以在不改变投资组合预期收益的前提下降低风险。马科维茨解决这个问题的方式是数学化的，而不是任意为之。实际上，提出投资国际化和多样化的理论家早已有之，但马科维茨的贡献在于，他给出了一个精确解决问题的公式。

马科维茨以数学方法选择最优组合的策略非常具有革命意义。不过，依照20世纪50年代的计算机水平，要想把这一方法用于实践，还是非常不切实际的。即便是在十多年后，美国普林斯顿大学的鲍莫尔仍不得不指出，按照马科维茨的理论，要想从1500只证券中挑选出有效率的投资组合，光运行一次电脑就需要耗费150～300美元，而如果要完整执行一次运算，所需的成本至少是前述金额的50倍。

因应这一客观现实，威廉·夏普提出了更为简洁可操作的资本资产定价模型（CAPM）。根据资本资产定价模型，市场的风险被分为两类，一类是系统性风险，一类是非系统性风险。在一个竞争均衡的资本市场中，系统性风险无法消除，但是非系统性风险却可以通过市场组合来降低到最小。

夏普的理论建立在一个非常优美的假设之上——在现实中，这样的假设并不存在。但即便如此，这并不妨碍其理论在金融系统之中的大规模运用。与马科维茨的理论相比，夏普的理论无疑更有利于其在实践中的大规模应用。

马科维茨和夏普的理论可能算是20世纪下半场最为重要的理论，它们为金融行业的进一步数量化建立了基础。在之后的年月中，成型的理论配合着计算机技术的进步，成了推动金融业革新的最主要力量。伴随着这种趋势，越来越多的数学、物理等擅长量化的人才进入金融行业，量化分析师逐渐开始所向披靡，对以基本面分析见长的分析师展开了无情碾压。当然，任何事情都具有两面性，当20世纪最后20年的金融大发展被打上量化色彩时，量化也难免成了金融市场上所有问题的“罪魁祸首”。

量化时代

在今天的智能投资领域，建立模型早已是司空见惯的说法。但“模型”这个词并非经济学的原生词汇，而是由一位物理学家转行成为经济学家的人引入的，这个人就是首个诺贝尔经济学奖得主简·丁伯根。在物理学中，模型本来是指那些尚未形成理论的东西，是对某些过程或原则的简单化表达。

19 世纪，植物学家首次观察到花粉的无规则运动，物理学家则发现了这种运动的原因所在。随后，这种随机游走特性也被用来描述股票价格的无规则运动，而这也成了现代金融有效市场理论的基础。

物理学和金融的这种密切关系，可以被视为一种传统。而在新的时代，这种传统不但没有受到影响，反而有了新的发展。毫不夸张地说，正是物理学的进一步侵入，才使得金融进入了一个以量化为特性的新时期，而在 20 世纪对金融业影响最为深远的模型——布莱克－斯科尔斯模型，正是这种物理思维对金融影响的最重要成果之一。

费希尔·布莱克在哈佛大学读研时，主修的就是物理。不过，和很多人不同的是，布莱克兴趣广泛，注意力显得不那么集中。在哈佛期间，他修过物理和数学，后来又一度转向计算机和人工智能——他曾经在一个学期专门跑去听明斯基（那位参加达特茅斯会议的明斯基）的人工智能课程，后来哈佛将他扫地出门，他就跑到一家咨询公司负责做自然语言处理的人工智能系统。很快，明斯基知道了这件事，他觉得这个孩子前程无量，不能就这么瞎来，于是就力保他回校“复读”，几经周折之后，布莱克才终于拿到了应用数学的博士学位。

布莱克的这段经历，原本可能让他进入本书所提及的另外一个行业——人工智能行业中，并且干出某些大功绩，但结果是什么也没发生。在博士毕业后，布莱克没有回到人工智能领域，而是因缘际会地开始接触他之前不怎么涉及的金融行业。

当布莱克初次接触到资本资产定价模型时，就被这个模型迷住了。因为在他看来，资本资产定价模型本身描述的就是一种均衡，而作为一个学物理出身的人，他始终相信这个世界处于一种动态的平衡之中。在物理学中，均衡是一个非常重要的概念，它代表着两种相反的力量正好相等，而这也意味着一种稳定。

对资本资产定价模型的钟爱，使得布莱克有兴趣考虑将这个模型应用到更多的投资品种上。而这一期间他与斯科尔斯的相遇，为之后布莱克 – 斯科尔斯模型的建立创造了基础。布莱克 – 斯科尔斯模型是一个非常难的数学题，即便是布莱克这样的数学博士也曾一度想要放弃，不过在两个人共同努力之下，这些问题最终得以攻克。

我们知道，在 19 世纪末 20 世纪初，法国的巴舍利耶就曾经发明了关于期权价格的计算方法。可惜他生不逢时，没有赶上期权兴盛的时刻。但布莱克和斯科尔斯却走运很多，在他们的论文发表后不久，美国就在芝加哥建立了有史以来的第一个期权交易所，他们的模型迅速得到了实际的应用。

布莱克 – 斯科尔斯模型的价值可以简单解释为，它为期权品种的研发创造了所需要的工具。利用这个模型，交易员可以批量制造期权卖出，而且不用承担任何股价上涨所带来的风险。设计期权就像做一份沙拉，需要决定里面各种菜的比例怎么配，配完了成本是多少。在以前，没有人确切地知道这个比例，以及如何控制成本，但有了这个模型，情况就完全不同了。从某种意义上讲，这个模型为投行制造了一个巨大的利润生产机器。不仅如此，这个模型还有一个强大的优势，那就是可以运用到债券期权、利率期权甚至国际外汇套期保值上，只需要根据具体情况修补完善即可。

布莱克 – 斯科尔斯模型成了金融界最有用、使用最为广泛的模型，布莱克本人也因此一朝成名天下知。不过他似乎还是不满足这种理论成就，于是在 1984 年，他接受了高盛的工作邀请，在那里负责创建一个量化策略研究小组——布莱克摇身一变，从一个教授变成了华尔街的宽客。

所谓宽客（quant），可以看作量化分析师（quantitative analyst）的简称。宽客没有严格的定义，但总体说来，一个人若被称为宽客，则意味着他会使用数学和统计的方法来解决金融问题。数量金融起源于巴舍利耶，成于马科维茨的现代投资组合理论以及布莱克 – 斯科尔斯模型，因此，宽客也必然是随机游走、投资分散化等有效市场理论的追随者。宽客需要建立数学模型，精确分析金融活动，也正是因此，懂得编程、会使用计算机语言也就成了宽客的重要特征。

来到华尔街的布莱克是一个标准的宽客，或者说是宽客的领导人。但布莱克终究还是和他的前辈巴舍利耶等人一样，以学术和理论而闻名，他们不是投资大师。真正参与投资实践并普遍被认为是宽客鼻祖的，是一个叫作爱德华·索普的人。正是这个人，证明原来物理学和数学知识真的可以用来赚大钱。

和布莱克一样，索普也是一个学物理出身的天才。不过，和布莱克曾喜欢人工智能之类的学科不同，索普最喜欢的是赌博。爱上赌博可能是出于天性，但也着实是因为上大学时太穷了，需要找到一个赚钱的方式。与别的人通过艰苦的劳动赚钱不同，索普想到的就是轮盘赌。学物理出身的他相信，只要能够计算出轮盘上那颗球的速度和起始位置，就可以大概率计算出球最终的停留位置。虽然想得清楚明白，但他最后却发现，要模拟轮盘，不但必须花费不菲的资金来购买相关器材，他自己的数学知识也还是不太够。这刺激他在读博士期间，花费了大量时间来补充自己的数学知识。

1959 年，索普在麻省理工学院获得一个教职，于是他和家人都来到了“麻省”（马萨诸塞州），并在这里待了两年。虽然时间不长，但是在麻省理工学院的这段岁月可以说彻底改变了他的人生，因为在这里，他遇到了对他影响巨大的一个人，那就是信息论的创始人克劳德·香农。

关于香农，我们在前文中也提到过，他正是达特茅斯人工智能会议的发起者与参与者之一。香农和人工智能的另外一位先驱图灵曾经在贝尔实验室一起共事，而麦卡锡和明斯基这两位也是在他的邀请下进入贝尔实验室的。当年达特茅斯会议之所以能够成功举办，和香农的提议密切相关，毕竟当时他已经是行业“大拿”，要钱有钱，要人有人。

香农在 1949 年就开始研究用计算机编程下棋了，不过，他被后人记住的最大贡献在另外一个领域——信息论。信息论关注的是如何对信息编码，而在香农看来，信息其实就是一种帮你增加确定性的东西，如果你说你得到了信息，这就意味着你增加了对某件事情的认知。这个理论对于一般人当然很复杂，但是却为后来数字通信和计算机等行业的发展奠定了基础。这个理论的基础是概率和统计，而他所发明的那个词“熵”也是不确定的代名词。

索普一开始去找香农，并不是为了探讨学问，而是因为他想在一本著名学刊上发表一篇关于研究赌博的论文，但苦于自己当时籍籍无名，因此就想找香农给推荐推荐，毕竟香农当时已经是学术明星了。

索普本来只是抱着试试看的心情，但没想到，香农还真的对他的研究感兴趣。这也许是因为索普的论文也是研究概率的，也可能是因为香农自己也对赌博感兴趣。香农答应了索普的要求，这篇改名为《21 点的有利策略》的文章也因此得以发表。

21 点的策略其实不难理解，一副牌 52 张，每出一轮，牌数减少，那么某张牌的出现概率也会因此提高。因此，如果你能记住哪些牌已经出过的话，你就知道还有哪些牌没出，而轮次越往后，你就越有把握知道下一张牌是什么。

不过这么一个看似简单的策略，要计算起来也是很烦琐的，光凭手工计算绝无发现解决方法的可能。但巧的是，索普发现学校里的 IBM 计算机正好闲置，于是他就利用这台计算机编写了程序。运算结果很快出来了，索普发现，一副牌的所有数字中，5 对赌场最有利，对赌客最不利，因此要拿下 21 点，最重要的是注意一副牌已经发了几个 5。

这篇文章发表之后，一个黑社会大佬找到了索普，在亲眼见识并相信了他的理论之后，他给了索普1万美金，然后带着他一起去了拉斯维加斯，结果仅用了几十个小时，索普就给这位大佬赚回了一倍多。我们知道，概率研究缘于赌博，如今索普又把概率用于赌博，也算是一件求得其所的事。

后来，索普和香农两人的关系进一步密切，香农不仅给他介绍了不少“大牛”的思想（多数与胜率或者赌博有关，例如约翰·凯利的理论），还和他一起设计电脑，利用电脑测算轮盘球停下的位置。依照当时的计算机技术，他们还无法完全预测球停下的具体位置，但是可以大体知道相关的区域，因此只要在这些相关区域下注，赌胜的概率就会大增。当然，这是一种出“老千”的行为，后来他们被人逮住过一次，就再也不敢玩了。

后来，索普离开了麻省理工学院，到别的学校任教。因为不能继续再玩赌博，他的爱好也就转移到了另外一个“赌场”——股票市场之中。

索普起初玩过股票，但是没赚到钱，后来又参与炒白银，结果把一半的年薪给亏光了。但他坚信股票市场也和赌场一样，可以通过物理学理论来研究。正如可以计算轮盘赌落子的概率，股票上涨的概率也可以计算，而他要遵循的只是继续在胜率高的时候加大赌注。

学物理出身的索普也相信股票的随机波动理论，不过，他不认为自己无法战胜市场的有效市场理论。实际上，真正的市场在整体上或许是有效的，但在局部可能无效，在长期可能是有效的，但短期可能无效，这并不违背随机波动的规律。索普的思路就是要抓住这些无效的时刻，估算获利的概率。

权证是索普发现的第一个好机会。1964年，索普在报纸上看到了权证的广告后产生了购买的兴趣，因为他发现权证买卖类似于一场赌博，与概率有关，而这正是他感兴趣和擅长的地方。不过，经过一番大量计算之后，索普发现，市场上的权证价格太高了，因此，买权证就相当于参加一场完全没有胜率的赌博。既然没有赢的机会，那怎么办？索普想到了一个好主意——做空那些价格很高的权证。但这样也有风险，万一到时候股票价格上涨，做空就失败了，而且做空的成本更高，因此一旦失败，损失巨大。索普为此想到的方法是买入股票。

用一个比较金融学的术语来解释索普的这种操作，就是对冲。对冲基金都是这么干的，在市场上他们做多一部分股票，然后再做空一部分股票，并以此降低单向押注的风险。然而，相对于那些仅凭简单计算来进行对冲的基金经理，索普的最大优势是他知道如何精确计算出为了抵消卖空权证的风险，到底需要买入多少股票。当然，要进行这些复杂的计算，就必须依靠计算机，而这恰恰也是索普的特长所在。这一被称作“德尔塔套期保值”的策略被证明相当成功，据说到 1967 年时，索普就依靠这一招把资金从 4 万美元炒到了 10 万美元。后来，索普又将这种策略应用于可转债，因为可转债也包括股票期权的部分，因此可以如法炮制。

利用这种市场的非理性来获利，又被称作“套利”。在古老的年月，套利是指发现不同地域市场的价格差异，然后利用这种差异来获利。举个例子，如果北京的黄金价格低于上海，那么，就会有人把北京的黄金拿到上海去出售，当然在这个过程之中也要考虑成本问题。但在今天的市场，交通的发展和实时通信使得这种套利的可能性越来越小，因此套利更多的是抓住市场的波动，低买高卖。恰如不少人指出的，套利正是现代金融业最核心的内容，而由于在现代金融世界中，套利的空间越来越小，对这种机会的捕捉也就只有那些更善于发现的数学天才才能胜任，这也正是宽客出现的原因。

索普正是宽客的鼻祖。事实上，索普对权证的定价思路，也是受巴舍利耶等人的启发，而这就使他与布莱克和斯科尔斯走上了殊途同归的道路——虽然出发点不同，但是他们都发现了期权价格的秘密。但是与布莱克相比，他更是一位将理论应用于实践的高手。布莱克 1984 年才到高盛从事量化策略研究，而索普早已在市场之中摸爬滚打。在 40 年的基金管理中，他取得了 20% 的年化收益率，这一成绩使他足以和巴菲特相提并论。

索普和布莱克的成功改变了金融业。首先是越来越多的数学和物理学人才离开原本的研究工作，投身量化金融这个领域。当然，基础研究人才向金融的转型有一定的历史因素。出于冷战的原因，在 20 世纪 60 年代中期之前，美国的基础研究基本都得到了国家资助，美苏之间的航空航天竞赛以及在其他基础性领域的竞争，使得物理学等基础学科人才大受欢迎。然而到了 60 年代末，美国的科技优势渐渐显露，加上经济的萧条以及越战的影响，政府逐步减少了对很多基础研究的拨款资助，这些因素使得许多基础学科的人才不得不走出“体制”，到市场上另谋职业。

不过，量化金融的崛起的确是越来越多数学和物理学人才流入的原因之一。理论的解决为产品的发展扫清了障碍，计算机的发展则提供了必要的条件，市场上各大金融机构竞相研究量化产品的可能性，同时也开始大规模吸收各种懂编程、会模型的人才——毕竟这种竞争最后都是人才的竞争。

另一种改变则看起来没有那么美妙。布莱克 - 斯科尔斯模型的发表以及索普对冲策略的公开，使得市场上更多人开始运用这一策略。德州仪器公司甚至还推出了包含这一模型公式的计算器。期权、可转债以及权证等市场都变得更加有效率，而这意味着发现新的套利机会正变得越来越难。不少交易模型的适应性越来越差，甚至很快会失效，而这就意味着必须投入人力物力，研究试验新的策略。市场上的套利者越来越多，竞争也变得越来越激烈。

机器的原罪

在索普这批人开始使用计算机对价格波动等问题进行概率分析时，市场上多数的人并不知道这件事的重要性。毕竟在当时，电脑对于多数人来说，其实和火星也差不了多少。这种情况有点类似于我们现在天天说人工智能，但是仍然不知道人工智能是什么。

不仅如此，当这些量化分析师声称他们的方法可以改变这个行业的时候，市场上很多人都表现出一种轻蔑的态度。市场如此复杂，一个机器怎么可以战胜人呢？在那些坚持价值分析或者技术分析的人眼里，这些测算概率的家伙就是赌场里那个偶尔赢钱的人，他们靠的是运气，根本不值得欢呼。这种对机器的复杂情感，直到今天仍然到处可以看到。多数人对机器能够战胜人这一点嗤之以鼻，他们觉得机器顶多是对自己有用，但也仅此而已。战胜市场要么是不可能的，要么就需要智慧的人脑。

但这些嘲笑和质疑没有阻止金融业的机器与智能化。实实在在的赚钱可能性，让越来越多的金融机构开始加入这场量化运动之中。起初，只有一些小的量化分析机构可以在市场上生存，随后，高盛和摩根士丹利等大型机构也发现了这些机会的存在，于是也加入了进来。新的金融产品层出不穷。由于模型很快就可以被对手复制，因此，金融机构要做的就是保持领先，在模式被复制之前，卖出尽可能多的产品，获得尽可能多的利润。整个金融业就像展开了一场机器发动的军备竞赛。

更多的人才进入到了这个行业。起初，量化金融行业就像是一个业余选手的聚集地，因为几乎所有人以前都不是干这个的，他们虽然懂得建模，懂得如何编程，但对金融却并不熟悉。好在这些人的学习能力都是超强的，正如我们之前所介绍的，金融本身就具有量化性质，因此对这些理科牛人而言，入门金融就不是特别难的事。除此之外，这帮进入同一领域的人也开始通过教授课程、组织培训、发表文章等方式，加强业务与产品交流。一个量化金融的实践学科逐渐建立了起来。

量化金融给金融机构带来了无限机会，但也导致了一种倾向，那就是要设计出更加复杂、更加让人看不懂的金融产品。这在某种程度上是为了迎合产品销售的需要，因为客户虽然可能无法理解更复杂的产品，但销售却可能把这些产品卖出更高的价格，这纯属利益驱动。不过，问题在于，既然这是一场“军备竞赛”，那就意味着即便你不想生产这种复杂的产品，你的对手也会生产。反过来，如果对手这么做，那么出于竞争的需要，你也就不得不推出更为复杂的产品。

这种利益驱动的发展，必然会积累风险。不过在当时，这帮懂得如何精确计算的量化分析师们对此并不十分在意，他们尚处在金融创新的乐观期，对于新发明的模型充满自信，而且他们自己认为，对于风险的分析，他们比以前的人做得更彻底和精准。这种乐观和自信埋下了危险的种子：尽管市场并不认为机器程序能够取代人，但是在出现任何市场问题的时候，量化和机器都将可能成为问题的“罪魁祸首”。

1987 年 10 月 19 日的股灾正是一次这样的代表性事件。在这一天，道琼斯指数大跌 22%，而美股的大跌也导致全球市场出现股灾。因为这一天正逢周一，因此这次股灾也被称为“黑色星期一”。

此次股市的大跌早有迹象，在之前的几天里，市场就出现了微幅调整。在过去的几年中，里根政府的改革举措让美国经济摆脱了初期的萧条，实现了软着陆，与此同时，通胀也得到了控制。这些利好举措让美股在 5 年内大涨了 3 倍，市场充满了一片牛市的乐观情绪。也正是因此，此前的股市轻微下跌被人们忽略了，很多人以为这只是股市在创出新高之后的修正，谁也没有想到，竟然会发生“黑色星期一”这样的惨剧。

造成任何股灾的因素都是多种多样的，市场的估值过高、人们的过分乐观等都是原因所在。不过，在这次股灾发生之后，大量的舆论却将暴跌的源头指向了程序交易。

在当时，程序交易，也就是使用电脑自动买卖，已经成为华尔街机构的一种常见交易方式。从 20 世纪 70 年代开始，利用电脑交易成为市场的一种热潮，交易所也为此开放了大门。除此之外，由于华尔街的业务已经扩展至全球市场，而要远程操控市场交易，只用人工肯定是不行的，势必要采用机器。

舆论将矛头指向了以程序交易的“投资组合保险”——一种基于布莱克－斯科尔斯模型发展出来的套期保值产品，这个产品的主要策略就是在买入股票的同时卖出期货合约。这样，如果股票下跌，卖空期货所带来的利润就会抵消股票下跌的损失。这种策略需要对价格进行严密的计算，因此只能由机器来操作。计算机事先设定了程序，当股票价格跌至某一设定的水平时，计算机会自动卖出一揽子股票。一秒钟内，一台计算机可完成 60 项交易。

这种策略看起来非常完美，然而，在 1987 年股灾的当天，由于股市下跌触发了所有的投资组合保险，因此产生了大量的股票卖单，但这些卖单完全找不到买方，因为这个时候多数人都在抛售。如此一来，股市的抛压加大，暴跌也就出现了。

股灾发生后，美国政府成立了以时任财政部部长布雷迪为首的总统工作小组进行调查，并于次年发布了调查结果，这就是著名的《布雷迪报告》。《布雷迪报告》给 1987 年的股灾盖棺论定：正是指数套利和组合保险这两类交易在股票指数期货市场和现货市场互相推动，最终造成了股市崩溃。

统计数据表明，股灾这一天，投资组合保险程序交易所带来的交易量在当天大幅增加，因此，程序交易在这次股灾中的确需要承担责任。另外，也正是因为电子交易，股灾的负面情绪得以迅速在全世界蔓延，日本、中国香港、欧洲股市同步出现暴跌，而这又形成了负反馈，导致第二天美股市场再一次暴跌。

事件发生之后，宽客们也非常沮丧，但是他们似乎也束手无策。投资组合保险的发明者之一马克·鲁宾斯坦后来说，1987 年的股灾发生概率只有 10 的 160 次方之一。这意味着，在人的一生中遇到一次这样的股灾，简直就像是中了大彩票。

这次股灾引发了不少的反思。监管者加强了对这种偶发事件的干预力度，1988 年，美国证交会和美国商品期货交易委员会批准了熔断机制。而宽客们的确也认识到，布莱克 – 斯科尔斯模型并不是万能的公理，实际上，它可能存在某些缺陷。但是，量化金融人士也相信，这些缺陷都不足以推翻这一模型的正确性，他们唯一需要做的，是将这个模型加以修补和完善，然后利用改进的模型来继续寻找市场在达到有效之前的反常行为。

1994 年，一家叫作长期资本管理公司的对冲基金成立了。这个基金可谓是明星组合，因为斯科尔斯和后来对布莱克 – 斯科尔斯模型颇有贡献的默顿都是该基金的成员，他们两个人后来都拿到了诺贝尔经济学奖。除此之外，基金的掌门人梅里韦瑟是华尔街“点石成金”的套利教父，另外还有其他前所罗门公司的大量精英加盟。这只基金的目标很明确，那就是寻找债券之间的价格失效，然后在其恢复正常的过程之间赚钱。

和之前的程序交易一样，长期资本管理公司不但雇用了超级的头脑，也引入了价格超级昂贵的计算机。聪明的头脑负责的是如何控制风险，而计算机则负责完成收集信息和进行处理的任务。这帮聪明的头脑搞出来一套极为复杂的模型，以至于让客户完全摸不到头脑，“不知道的还以为是在造原子弹呢”。长期资本管理公司也尽量保持神秘感，不对外透露自己的任何消息。

但这家基金本质上和其他做套利生意的公司没有任何区别，只不过他们的主要目标是债券。基金将金融市场的历史资料、相关理论学术报告及研究资料和市场信息有机结合在一起，通过计算机进行大量数据的处理，形成了一套较为完整的电脑数学自动投资模型，然后以此建立起庞大的债券及衍生产品的投资组合，进行投资套利活动。

不过，这家公司与其他公司有一个明显的区别，那就是它的杠杆高得吓人。到底有多高呢？30 倍。也就是说，在 30 块钱的投资中，只有 1 块钱是他们自己的，其他都是借的。这么高的杠杆意味着，任何一点差池都会搞得倾家荡产，而长期资本敢这么玩儿，意味着他们对自己的模型和市场终归有效的理论深信不疑。

不过，事实是长期资本管理公司的数学模型是建立在历史数据的基础上的，而在数据的统计过程中，一些概率很小的事件被他们忽略掉了。结果证明，一旦这些小概率事件发生，其投资系统将产生难以预料的后果。

倒霉的是，和 1987 年股灾相似的那种概率仅为几万万分之一的事情又再次发生了。1998 年，俄罗斯金融风暴引发了全球的金融动荡，结果导致长期资本管理公司所沽空的德国债券价格上涨，它所做多的意大利债券等证券价格下跌，原本期望的正相关变为负相关，基金遭遇到两头亏损。更为糟糕的是，长期资本管理公司的电脑自动投资系统面对这种原本可以忽略不计的小概率事件，错误地不断放大金融衍生产品的运作规模，让基金的杠杆进一步放大……长期资本管理公司的资金很快被耗尽，在 4 个月内亏损了 46 亿美元，它再也不能“长期”了。

长期资本管理公司的这次失败，被巴菲特誉为“聪明人净干蠢事”。世界上绝顶聪明的头脑，加上计算机的辅助，不仅没有战胜市场，反而输得连裤衩都不剩，这的确让人费解。巴菲特批评了这帮人的高杠杆行为以及对历史数据的依赖，这种忽视细小风险的做法，是长期资本管理公司灭亡的主要原因。

《宽客人生》的作者伊曼纽尔·德曼是一位曾经在高盛和布莱克并肩战斗的金融分析师。在他看来，有时候华尔街的宽客们过分迷恋于均衡的概念，却忘记了物理定理和模型之间的差别。模型有一定用处，但不会永远有用，所有的模型都存在瑕疵，在模型的有效性到达尽头之后，它往往会一下子变成无效之物。

小结

在波澜壮阔的20世纪，人类的智能技术不仅出现了快速突破，也为其他各行各业的发展创造了条件。

金融业在这100年中也取得了长足发展。1929年的大崩盘改变了金融业的走向，在之后的几十年中，散户越来越少地直接参与市场交易，取而代之的是操控大型机器的各类金融机构。

依靠马科维茨和威廉·夏普等人的思想，现代金融越来越讲求精确的计算，而这也使得计算机在金融中得到了更为广阔的运用。更复杂的金融模型，伴随着运算更快的电脑，让机器开始统治金融市场。尽管这个市场中仍然有巴菲特和索罗斯这样的传奇，但显然，机器交易已经在20世纪的最后30年中逐渐占据主流。

机器交易遭遇到了各种嘲笑和责难，也成了几场重要金融事件的“千古罪人”，不过，虽然种种缺陷一度带来无尽的伤痛，但量化投资在经过摔打之后还是坚持了下来。事实上，随着互联网时代的到来以及技术的进一步发展，基于智能的投资不仅没有减少，反而愈来愈多，而且其面貌也越来越强悍和多样。

第二部分 智能投资新时代
(21 世纪——)

2000 年，持续了多年的互联网泡沫破灭。这场史无前例的大泡沫再一次展现了人的疯狂，许多牛市中的“投资天才”也沦落为下跌的最大受害者。

此次泡沫的破灭，引发了人们对有效市场理论和“理性人”假设的进一步反思。有效市场理论的支持者认为市场上虽然偶有不规则事件发生，但仍然坚信这些都微不足道。但行为经济学却对这样的观点进行了质疑。他们发现，投资者的情绪非常容易受到外在的鼓动，除此之外，他们也没有对股价进行合理预测的能力。

然而，历史总是在重复。2007 年，全球金融危机爆发，市场再次遭受重创，市场有效理论再次受到挑战。

与此同时，21 世纪的智能技术也在不断地发展，这种发展最终导致了 AlphaGo 打败世界围棋冠军，进而引发了一场新的技术期待。

智能技术与金融的结合也变得更加密切。进入21世纪，尽管由算法和计算机驱动的交易多次深陷洪流，并且受到了一次又一次的强烈质疑，但这并没有阻挡机器取代人成为市场交易的主体。伴随着技术的进步，金融市场逐渐由人与机器对弈的舞台，转变为机器大战的场所。

资产管理者也开始更多地将量化金融升级为人工智能金融，西蒙斯所领导的文艺复兴基金就是这一方面的代表。

| 第三章 |

机器赢家

网络泡沫

查尔斯·金德尔伯格在其不朽著作《疯狂、惊恐和崩溃：金融危机史》中指出，泡沫的诞生自有其逻辑。首先是某种新的技术或者可能性出现，这种新的技术或者可能性在理论上会带来超乎想象的前景。这种对未来的憧憬反映在资本市场上，就会构建一个自我推动的热浪，让市场不断向前。在最初的时刻，这种热情的确是基于一种美好的向往，但随着市场的发展，越来越多的人参与进来，把整个过程变成了一个击鼓传花的投机行为——大家购买某种资产，并非是为了长期持有，而是妄想趁着一股热浪，以更高的价格找到投机资产的下家。而如果市场一旦发展成为这种状态，那么必然意味着一种不可掌控的灾难的到来。

历史上的泡沫都遵循这样的逻辑，20 世纪 20 年代的股市泡沫最早缘于汽车和无线电等新产品的发展，50 年代的晶体管是改变世界的象征，80 年代则是生物概念股的天下。这些新的概念一旦被大众接受，就会成为一股不可逆转的潮流，促成一段时期内的严重投机潮流。

2000 年破灭的网络泡沫，只是这种现象的又一例证。

20 世纪 80 年代，个人电脑开始兴起，许多家庭也开始拥有小型的电子计算机。到了 20 世纪 90 年代，万维网出现了，这项新发明的意义在于它可以把全世界的电脑连接起来，自然意义重大。1995 年，著名的网页浏览器公司网景成功上市，其大幅上涨的股价让人们看到互联网公司原来是下一个机会的金矿。于是，无数的互联网公司在一夜之间诞生。这些公司凭借着新奇的概念、改变世界的宣言来吸引眼球，即使完全没有收入，但只要有着惊人的点击量和美好的前景，就可以吸引无数的投资，进而在纳斯达克上市，变成投资者的印钞机。

风险投资也在其中起到了推波助澜的作用。和量化分析师相比，风险投资家可以算是一种截然不同的动物。与前者相信计算机的精确不同，风险投资家宣称自己更多的是依靠直觉行事。宽客们谨慎地将风险概率化，风险投资家更愿意选择主动出击，去寻找能够赚大钱的机会。宽客们相信的是一价定律，风险投资家相信的则是幂定律——前者是指正态分布、均衡回归，然而后者相信的是你要么押中一个大的，要么就毫无是处。风险投资家往往在企业初创时期布局，然后等到企业规模扩大，通过公开上市或者大公司并购等方式实现投资资金的退出。

在 20 世纪 90 年代，互联网成了风投眼中最大的机会和风口。风险投资家为了抓住这波机遇，大量投资互联网初创公司，这在无形之中抬高了整个互联网企业的初始估值。等到部分互联网公司真正公开上市时，其估值更是已经高不可攀。

一级市场对互联网概念的追逐，最终导致了股票市场的大肆炒作。凡是和互联网概念沾边的公司都遭到热炒，投资者完全不会去深究其中的真伪，因为真伪已经不重要，重要的是有更多的人正涌入市场，相信互联网颠覆世界这样的美妙故事。

在这样的气氛之中，纳斯达克指数迅速攀升。1995 年，纳斯达克指数还只有 1000 点，但到了 2000 年，该指数攀上了 5000 点。在 20 世纪末，纳斯达克上市公司股票的平均市盈率达到了惊人的 200 倍！

但这种疯狂没有在 21 世纪持续多久。到了 2000 年 3 月，纳斯达克指数达到当时的历史新高 5132 点，随后开始疯狂下跌，在之后的 30 个月中，该指数跌幅达到了 78%。

大量互联网公司的市值也遭受了约四分之三的损失。思科公司的股价暴跌了 86%；在线玩具销售公司 PETS. com 于 1999 年上市，但 268 天后就遭清算；1999 年，美泰公司以 35 亿美元的天价收购了 TLC 公司，但到了 2000 年，美泰就以 2730 万美元的价格将这家公司甩卖；2000 年，LYCOS 公司被以 125 亿美元的天价收购，2004 年，这家公司被以不到 1 亿美元的价格转售给一家韩国公司。

尽管早在 1996 年，格林斯潘就以“非理性繁荣”对市场提出警告，但这一警告显然没能阻止一场泡沫的开始，更不用说有助于防止泡沫的崩塌。当市场的非理性开始自我推动，一切都变得疯狂，很多人放弃了不菲的薪水，开始创办公司，展开创业，而市场的活跃也让直接参与市场的散户又重新多了起来，不少人甚至辞职在家，以炒股为职业。然而，当泡沫破灭，一切都变成了虚幻。对于市场参与者而言，这场泡沫的来势之凶猛、趋势之疯狂，都前所未有。几万亿美元的市值在短时间内灰飞烟灭，让无数人感到惊心动魄。

关于这场泡沫的形成及破灭，不同的派别一直有着不同的解释或者关注点。除了上文所提到的对新事物的憧憬、投资者的盲目乐观以及风险投资的推波助澜之外，一些外力因素也被认为加速了泡沫的形成。

首先是 1997 年的减税政策。1997 年，美国克林顿政府通过了减税法案，其中的一项就是将长期资本利得的最高边际税率从 28% 大幅降低到了 20%。这一条后来被认为鼓励了私人的投机性市场活动。

其次是 1998 年开始的连续降息。众所周知，降息理论上有利于市场的资金充裕度，因此也被认为是股市上涨的一个基础性因素。讽刺的是，这一年的降息活动和长期资本管理公司的失败有着直接关联。在上文中，我们已经提及长期资本管理公司因为模型失效而失败的故事。当时长期资本管理公司表面上只损失了 46 亿美元，但实际上负债高达 1000 亿美元。如此巨大的债务如同一座随时可能爆发的火山，随时可能导致市场的流动性枯竭。为了应对风险，美联储不得不紧急出手驰援，而降低贷款利率，正是化解风险的其中一条举措。

网络泡沫的打击非常严重。在接下来的两年之中，美股市场一蹶不振。“9·11”事件等意外事件的出现更是让美国雪上加霜。一时间，“互联网改变世界”从信仰变成了笑话，从现实到虚拟（brick to click）的道路陷入困境，投资者又重新回到了线下，开始从房地产等方面寻找机会。这一转变看起来无奈又合理，然而却在无意之间酝酿了另外一场巨大的泡沫——房地产泡沫。

衍生品之殇

网络泡沫的破灭让互联网和股票市场的热度下降，与此同时，位于跷跷板另一头的房地产市场成了投资者心中安全与稳定的市场。在一定程度上，房地产似乎成了资产的避风港。

有利于房地产的政策也在此时不断出台。自网络泡沫破灭之后，时任美联储主席格林斯潘就一直在采取降息举措，以刺激经济发展。低利率让大量的金融机构开始以较低的成本借钱，然后将这些钱投入到有更高收益的资本市场之中。

与股市相比，美国的房地产市场一直相对稳定，甚至可以说几无变化。数据显示，从 1890 年到 1997 年，美国房价的年增长率仅为 0.09%，这与股市的年化收益形成了鲜明的对比。然而，这种情况从 1997 年之后开始出现变化，尤其是自 2000 年开始，美国的房价出现了火箭式蹿升，到 2002 年时，房价已经比 5 年前高出了 50%。

尽管在 2002 年时就有经济学家提醒房地产的泡沫，但就像格林斯潘警告股市的“非理性繁荣”一样，这种提示显得有些早。实际上，房价永远会涨的信念此时只不过刚刚形成。

而更大的问题是，长期的低利率和政府为低收入者发放住房贷款的举措，导致太多不该买房的人买了房子。而这些人一旦出现贷款违约，那么与其贷款相关联的抵押贷款证券也将面临风险，更糟糕的是，这些抵押贷款证券又与无数错综复杂的金融衍生品相关联。也就是说，一旦房价出现问题，贷款出现违约，那么整个金融市场也会跟着出现问题。

然而，当时没有几个人觉得房地产市场会出现问题，迷信历史数据的分析师会发现，过去十几年住房贷款违约的比例极小，因此按照他们的模型，未来这个市场也不会出现任何不可预测的风险。

但事与愿违。2006 年底，住房贷款违约，尤其是次级住房抵押贷款的违约率突然上升。而这意味着，多米诺骨牌的第一块被推倒了。

紧接着，贷款违约开始导致抵押贷款证券、衍生品以及信用违约互换等金融工具大幅贬值，原来趋之若鹜的买家消失了，大量投资此类资产的金融机构却只能眼睁睁看着这些产品砸在自己手里，而他们付出的代价就是一场流动性危机。2007 年初，美国第二大次级抵押贷款公司新世纪金融公司宣布破产保护，超过一半的员工被裁撤；8 月，美国第五大投行贝尔斯登宣布旗下两支基金倒闭。由于和住房有关的证券及衍生品被卖到了世界各地，欧洲的投行也因此受到巨大冲击。全球金融市场开始动荡，这种波动传导回房地产市场，又导致房价开始大跌。

2008 年年初，美国最大的两家住房抵押贷款公司房利美和房地美的债券开始被大举抛售，整个房地产行业开始出现全面崩溃之势。2008 年 3

月，贝尔斯登宣布破产。美联储此时宣布大幅降息，但形势仍未完全好转，甚至更显极度恶化之势，到了2008年下半年，连雷曼兄弟这样曾经叱咤风云的投行也关门大吉。危机之下的美国政府，在考虑再三之后，不得不改变此前的放任政策，转而开始动用资金对金融机构展开大规模的救助：先是房利美和房地美被政府接管，之后政府又掏出巨资拯救了AIG等机构。

2007－2008年的这一场金融危机被誉为继1929年股市大崩盘之后，后果最为严重、影响最为深远的一场金融危机。这场危机不但影响了美国之后10年的经济走势，也对欧洲以及整个国际社会产生了重要的影响。和这场危机的深度与广度一致的是其背后的复杂根源，同之前的危机相比，这场危机的成因显得更为复杂多样。

在所有的危机成因中，最被广泛提及和诟病的恐怕要算金融工程与金融创新了。关于金融工程和金融创新所闯下的“祸患”，我们并不陌生，1987年的股灾和1998年长期资本管理公司的倒掉，都与量化金融不无关系。然而，这些发生在20世纪末的事件一直被当作“例外”来处理，衍生品的发展不但没有因为各种市场突发事件而减速，相反却一直在加速前行。根据国际互换和衍生品协会的统计，1987年时衍生品敞口的名义价值只有不到1万亿美元，但是到了2001年，这一数字已经增长了69倍。

对于这种金融创新，监管者一向采取较为宽松的政策。时任美联储主席格林斯潘自称继承了自由主义的衣钵，在监管中崇尚无为而治。其他监管机构也有大体类似的观点，认为对金融机构的“过分”监管势必会影响创新。在这样的思维指引下，即便是长期资本管理公司已经捅了那么大的篓子，监管者也不改初衷，不仅不认为应该加强对衍生品的监管，反而进一步大开金融创新的绿灯。

有了这样的政策支持，金融圈也就有了更多制造“创新”产品的动力，然而这些所谓的创新产品，其本质不过是将现有的金融产品进一步复杂化。如果你要问，为什么要把产品复杂化？其答案也很简单，越复杂的产品客户越看不懂，越复杂的产品利润也越高。实际上，金融企业受利润的驱使，越来越不愿意销售那些利润单薄的产品，而是更愿意将那些复杂的、经过精心设计之后的产品推荐给客户——后者正是金融机构的利润之源。

尽管受利润驱动的量化金融创新不是这次危机的唯一原因，但显然，“量化”在这场灾难之中扮演了不光彩的角色。和长期资本管理公司一样，多数的金融机构以为靠算出的数字就可以掌握风险，但是真正的风险却永远都在计算之外。或许当他们把大量经过精心设计的产品卖出去的时候，他们也信心满满，毕竟所有的计算结果都出自最为聪明的头脑和最为先进的计算机——但是他们却忘记了历史的教训。

当然，量化本身是一种中性的行为，只有在被利润驱动并忽视风险的情况下，才会导致严重的后果。从这一角度来说，监管不力才是第一位的，正是因为格林斯潘等人过分相信了模型，才导致了对风险的疏忽大意。量化是作恶还是行善，归根结底还是人来决定的。

量化危与机

与金融机构中批量制造衍生品的宽客不同，金融市场上一直还有一批爱德华·索普衣钵的继承者，他们不负责打造用于销售的复杂结构化产品，而是成立自己的对冲基金，直接参与市场的搏斗。这批人没有参与金融危机的制造，然而，作为市场的参与者，他们也躲不开2007年的金融危机，在某种程度上，他们也扮演了加深危机的角色。

量化对冲基金在20世纪八九十年代大量崛起，他们继承了已有的投资思想和策略，并将其与更快速的计算机融为一体。和最早的宽客一样，他们相信的是机器和系统，因此他们所需要做的就是设计好程序，然后把剩下的工作交给机器来完成。数以千亿美元计的资金涌入了这一行业，大批的优秀对冲基金在这一时期脱颖而出。

肯尼斯·格里芬毕业于哈佛大学，是大本营基金的创始人。这家基金自 20 世纪 90 年代成立后就不断发展壮大，即便是在网络泡沫破灭期间，也取得了两位数的正回报。这是一家充分利用宽客作用的基金，例如为了跟踪能源价格，该基金专门雇用了一批气象学家来研究影响能源供需的气候因素。

摩根士丹利旗下有一个叫作过程驱动交易小组的量化投资部门，由彼得·穆勒领导。他们研发出了一套叫作“大富翁”的自动交易系统，以统计套利为策略进行对冲交易。这个系统后来被证明是一部赚钱机器，在 1996 到 2006 年之间，这个部门一共为公司赚取了 40 亿美元的利润，而且在有的年份里，部门成员的薪资据说比大摩的 CEO 还要高。

然而，大量的资金涌入这一行业也有不利影响，那就是这一行的竞争越来越激烈。量化对冲基金为了获得回报，不得不花费重金挖掘牛人，研究新的策略，提高计算机的性能。但即便如此，整个行业的回报还是因为竞争而变得有所下滑。利润越来越难赚，对冲基金不得不进一步提高杠杆，因为只有这样才能增加利润率。但显然，高杠杆意味着高风险，一旦出现不在预测之中的“黑天鹅事件”，后果将非常严重。

而这一次的“黑天鹅事件”就是 2007 年爆发的金融危机。从 2007 年初开始，信贷违约开始影响到持有衍生品等类型资产的基金，价格的暴跌导致这一类型的基金开始出现严重问题——恐慌的投资者赎回资金，持有巨额次贷证券的基金开始出现巨额亏损甚至倒闭。

这种情况原本和那些不涉及衍生品的对冲基金无关，因此在事件发生时，很多的基金对此充满幸灾乐祸之情。但很快他们就发现情况不对。原来，那些持有次贷证券的多策略基金，在面对流动性不足时会优先选择卖掉手头流动性更高的资产，以满足自己高杠杆之下的保证金需求。而说到流动性高的资产，股票显然是首选，因此，这类基金便开始在市场上抛售股票。这样的行为显然会导致连锁反应，于是，城门失火殃及池鱼，基金的策略被打乱，空头上涨多头下跌，所有的基金都开始面临下跌的风险。转瞬之间，一个 2 万亿美元规模的对冲基金市场，似乎也要和次贷市场一样崩盘了。

到 2008 年结束时，大本营基金旗下的一只基金亏损了 55%。其中，数以千万美元的资金就是在一个星期内损失的。当时，美国一家电视台的直播车一直停在大本营公司门口，为的就是要在第一时间看到大本营公司宣布关门。

其他的基金也在这场危机之中遭遇到了不同的损失。AQR 旗下的一只基金在 2008 年亏掉了 46%，基本上没跑赢大盘。而根据当时一个研究团队的统计，2008 年对冲基金的回报率为 –19%，是自 1990 年以来的第二次全年亏损，上一次出现这样的情况，是在网络泡沫破灭后的 2002 年。

对冲基金并不是次贷的罪魁祸首，但他们与次贷之间盘根错节的关系，的确引发了整个金融市场的连锁反应，造成了更为严重的市场冲击。如果说那帮为了利润而制造和兜售金融产品的机构是这场灾难的始作俑者，那么，通过计算机交易程序与各种对冲策略和这些产品绑定的高杠杆对冲基金，就是这场灾难的加速器。就像挤兑发生时所有的人会冲向银行，结果会导致整个银行倒闭一样，在市场出现突发情况时，这些由机器控制的程序也有了“羊群效应”，所有机器的理性选择，最终引发了整个市场的非理性。全球对冲基金所形成的紧密连接系统可以在转瞬之间撬动数十亿的资金，在正常市场中，这种结构可以促进流动性，然而一旦发生意外，它就变成了一颗具有爆炸破坏力的原子弹。本意是为了消除风险的理性对冲策略，在面对突然来临的市场风险时，变成了一头冲进瓷器店的公牛。

对冲基金的这种“不良表现”，让它们成为舆论的众矢之的。很多人不仅批评它们给市场带来的伤害，它们高额的回报、超出常人的薪酬、对利润的贪婪也被口诛笔伐。大本营的创始人格里芬身家亿万，他将自己的钱财大量投入艺术拍卖市场，其出手之阔绰，引来众多非议。高盛的彼得·穆勒则像《华尔街之狼》中的那群金融投机家一样，喜欢寻欢作乐、豪掷千金，其行为甚至连高盛的财务高管都看不下去，多次对其提出警告。但是，穆勒依然我行我素，毕竟他是当时高盛的利润王牌，大家即便对他不满也只能憋在心里。穆勒功成名就之后，更是高高在上地藐视群雄，他跑去发展自己的音乐“天赋”，推出自己的专辑，而管理基金似乎成了他的“副业”。

在市场处于牛市时，这些行径顶多是被大家私下议论，然而当业绩下滑时，这些炫耀财富的“暴发户”行径无疑会招致众多的不满。在民众的眼中，对冲基金成了贪婪、无能、制造混乱的代名词，而在同行的眼中，宽客们对市场有效性的信仰，更是备受指责。就连巴菲特也在这时候向这些人开火，他在自己公司的年报中说，要警惕那些“炮制公式的极客”。和巴菲特长期并肩作战的芒格则说得更狠：“别以为有了数学和计算机模型就是上帝，实际上你可能更像恶魔。”

这种情况也引发了宽客圈的反思。实际上，在危机爆发之前，像保罗·威尔莫特这样的宽客前辈就早已对宽客的行为发出了警告。除此之外，宽客鼻祖爱德华·索普也早在2002年关闭了自己的基金，在他看来，整个市场上的对冲基金越来越雷同，竞争越来越激烈，而这意味着赢得这场赌局的概率正在变得越来越小。但是在疯狂的利润驱使之下，这些警告都被当成了耳旁风，等到金融危机发生之后，大家突然觉得有点悔不当初。

2009年初，威尔莫特和另一位宽客伊曼纽尔·德曼共同发起了《金融建模师宣言》（The Financial Modeler's Manifesto）。这个宣言旨在呼吁所有的宽客认识到一点，那就是“金融学根本没有什么基本定律”。和物理以及数学不同的是，金融的波动本身掺杂了人们的主观判断，因此技术人员千万不要将这些混为一谈。

当然，对于相信“贪婪是个好东西”的金融市场，教化的作用总是虚有其表。历史告诉我们，没有谁会真正把道德当回事。但市场的教训也的确非常深刻，因为那些亏掉的钱是实实在在的。灾难过去之后，不少对冲基金在行为上的确有所收敛，像格里芬这样的大佬也做了自我批评，承认自己之前“过分自信”了。

但无论是德曼还是监管机构，都清楚地知道，要将计算机和数学清除出投资圈是绝对不可能的。金融市场就像是一个 Windows 系统，只能不停地升级，但绝不会降级回到远古时代。对于任何可能出现的崩溃，唯一能做的就是制造一个更好的系统，或者在制造出一个更好的系统之前，给现有的系统打上补丁。在金融危机之后，市场对对冲基金的监管有所加强，对冲基金自己也一度变得小心翼翼，但与此同时，他们仍在投入巨资，不断完善自己的模型，修改自己的系统。作为金融市场中嗅觉最灵敏的鲨鱼，他们不想坐以待毙，而是继续寻找适合自己的猎枪和猎物。而且，他们很快也找到了自己的新猎枪，那就是高频交易。

高频交易时代

正如美国著名的财经作家迈克尔·刘易斯所说，如果你对市场的认知还停留在电视屏幕行情滚动播报这个阶段，那你真的还停留在过去。因为至少从 10 年前开始，那些站在交易所的人就已经开始消失，而剩下的那些人，也起不到以前的作用了。如今控制着整个市场的，是那些有着严格安保的大楼内的某些黑箱操作，而电视大屏幕上的行情显示的只是股票市场很小的一部分信息，“市场早已经不是原来的那个市场了”。

市场的变化早已不是秘密，但是的确总是超出我们的想象，伴随着计算机和互联网的爆炸式发展，“市场不是市场”的节奏也在 20 世纪的最后一个 10 年内火速推进，而在所有的快速变化中，高频交易也许是其中最为重要的一项内容。

高频交易并无严格的定义，但总体而言，它是指从那些人类无法利用的极为短暂的市场变化中寻求获利的计算机化交易。而要想利用高频次的金融数据，当然也离不开电子交易工具，它速度快，换手率高，交易量也非常大。高频交易可以说是算法交易的一种基本形式。

对于多数的人来说，高频交易是一件很难想象的事。因为大多数的散户投资就是打开手机或者电脑里的账户，点击一只股票的名字，然后选择买入或者卖出。虽然看起来我们的交易也是电子化的，但殊不知，就在我们这一步操作的时间内，机器也许已经进行了成千上万笔交易。很明显，在机器面前，人不但可能算不清楚，连手也没机器快。

高频交易最早和套利有关。早在 20 世纪 30 年代，据说就有人利用电报在不同的交易所之间传递股票报价，这样投机者就可以利用价格差异来获得回报。当然，与后来的计算机交易相比，以电报传递股价的方式可谓龟速，不过在那个时代，电报已经是最先进的工具。

1983 年，纳斯达克交易实现全部电子化，这就为高频交易的发展奠定了基础。不过，受限于计算机本身的发展速度，电子交易在早期的发展并不快。例如，纳斯达克在 20 世纪 80 年代初每次只能接受不到 1000 股的小额交易，大额交易仍然在线下进行。但随着电脑的发展和普及，这种情况很快发生了改变。从 20 世纪 90 年代开始，电子交易快速发展，到了 21 世纪，电子交易更是成了主流。

上文已经提到，随着宽客对金融的入侵，模型和算法逐渐掌控了股票市场，机器也因此成为股市的主宰者。但由于越来越多的机构杀入量化交易，市场的竞争也越发激烈，在这样的情况下，越来越多的市场无效率都被快速抹平，而机构只有率先发现新的有用的模型，才可以在市场上占据主动。由于一个模型能够保持“正确”的时间越来越短，这也客观上迫使参与者必须和时间赛跑，于是，交易越来越快，越来越频繁，也就成了获利的一种必需方式。

尽管对冲基金的程序交易本身是市场不稳定的因素之一，他们自己也曾深受其苦，但是他们对此的回应并不是放弃程序交易，相反，他们的对策是进一步加快交易的频率，因为他们相信，世间万物，唯快不破。既然市场有不稳定的可能，那么谁能来得快、跑得也快，谁就是市场的最终赢家。他们希望以速度来打败市场的不稳定性。

投资者对短期收益的追求刺激了高频交易的发展。和以前的投资者不同，现代的投资者更缺乏耐心，而几次大型泡沫和危机，也让投资者对市场深感恐慌。在这样的背景下，机构也不得不更多地采用高频短期交易，以便向投资者交差。

高频和量化其实是相辅相成的，如果说量化是在谈计算机对数据的处理和分析，那么，高频交易其实是在强调如何利用计算机算法高速做出决策。对于这两者的区别和联系，我们可以以人的投资决策过程为例，打个可能不那么恰当的例子：量化就像是我们在思考如何选股，何时卖出等问题，而高频强调的则是如何能更快地实现这些买卖股票的策略。当然，在实际操作中，高频和量化是密不可分的，因为高频交易要求在不到一秒甚至千分之一秒的时间内做出决策，对于人来说这是不可能完成的任务，只有计算机的量化程序才能实现这一点。优秀的高频交易需要两种算法：更好地捕捉到实施高频交易的信号，然后还要更好地执行这个过程。

与传统的交易方式相比，高频交易的特点显而易见。

首先是交易次数更多——为了避免风险，这些交易基本都发生在日内，很少隔夜持仓。换手率的增加代表着持股时间的缩短，巴菲特一只股票可能拿几十年，然而对于高频交易者来说，一只股票的持有期可能会短到只有 11 秒。对于他们而言，夜长梦多，持股时间过长就是一种风险。

其次是每笔交易的盈利可能比较小。为了获得确定性的收益，高频交易往往只求小利，然而由于交易次数多，因此可以积少成多。比如，如果高频交易要捕捉的是一只股票日内几分钱的变化，那么这种机会在一天内其实存在很多次。如此算下来，高频交易一天的总计获利也绝对不会小。

统计数字似乎能证明这一点。成功的高频交易者都可以有效地摆脱市场长期因素的影响，因此可以无惧牛熊，获得超出市场的回报。例如，高频交易公司 Virtu Financial 在 2014 年的招股说明书里介绍说，从 2009 年初到 2013 年底，由于采取了实时的风险管理策略和技术，该公司在总共 1238 个交易日里只有 1 天出现亏损。

高频交易的发展异常迅猛，按照某些统计的说法，到 2010 年左右，高频交易已经占据了市场的三分之二，有的预测甚至宣称高频交易已经占到总交易量的 90%。而即便是保守的估计，高频交易在一年内的平均交易量也占到了 40%。但无论如何，我们都必须承认，如今的市场已经被算法、高频以及量化下的机器所主导。

和此前的模型竞争一样，高频交易策略也早已进入白热化的境地。各大机构为了加快自己的计算处理速度，不惜重金采购最为先进的计算机，而为了争取千分之一秒甚至更短的时间优势（据说现在处理一笔交易的速度已经缩短到百万分之一秒甚至更快），有的公司甚至还将服务器安置在交易所附近或同一座建筑里。如果说此前的市场还可以说是人和机器较量的地方，如今的市场则已经变成机器和机器较量的地方。而人，尤其是散户，越来越成为这个市场中最微不足道的那一部分。

大奖章基金

高频交易策略繁杂多样，有的算法可能只是简单的数学方法，有的则可能极度繁杂。对于高频交易者而言，策略无论简单或是复杂，最为重要的是保持神秘。保持神秘的原因很简单——高频交易更多的是零和游戏，只有不被人所知的策略才有可能战胜对手，而一个策略一旦被公布于众，那么这个策略就会很快失效。

也正是因为这样的原因，那些越是成功的高频量化交易基金，也就越不为人所熟知。不过，这类基金的业绩实在太过耀眼，因此即便很少在江湖上见到这些高手，江湖上也到处都是这些人的传说。在所有被提及的名号之中，詹姆斯·西蒙斯所领导的文艺复兴科技无疑是最为响亮的一个。

文艺复兴科技之所以如此令人高山仰止，最重要的原因还是它的业绩：该公司的大奖章基金自 1994 年到 2014 年的年化收益高达 71.8%，如此亮眼的成绩，就是股神巴菲特也要甘拜下风。

西蒙斯于 1938 年出生于美国波士顿的一个犹太家庭。在很小的时候，西蒙斯就表现出对数学的喜爱，后来果然不负众望，考入麻省理工学院的数学系。从麻省理工学院毕业之后，他又到美国西部的加州大学伯克利分校就读，并在那里取得了博士学位。之后，他同时在麻省理工学院和哈佛大学做老师——那时候他只有 23 岁。

但西蒙斯的大学老师生涯没有持续多久，因为收入的原因，他跳槽去了美国国防部下属的一个研究院，负责密码破译工作，不过后来他因为公开反对越战而遭到解雇。之后，他又到纽约州立大学石溪分校担任数学系系主任，回归理论研究。

1974 年，西蒙斯与我国著名数学家陈省身联合发表了著名的论文《典型群和几何不变式》，创立了著名的陈–西蒙斯定理，该几何理论对理论物理学具有重要意义，广泛应用于从超引力到黑洞的各领域。

西蒙斯很早就与投资结缘，然而在早期他并未表现出对投资的热爱。1961 年，他和麻省理工学院的同学投资于哥伦比亚地砖和管线公司，这笔由他的父亲资助的投资帮他赚到了人生中的第一笔财富。后来他又把钱交给别人打理，在很短的时间内又赚到一大笔。这使得他开始思考从学术转向投资。在伯克利时，他曾购买过大豆期货，然后亲自到旧金山的交易所去看他们如何交易。

1978 年，他离开纽约州立大学石溪分校，创立私人投资基金公司 Monemetrics，该基金投资领域广泛，涉及从风险投资到外汇交易领域；最初主要采用基本面分析方法，例如通过分析美联储货币政策和利率走向来判断市场价格走势。虽然这种基金的具体业绩并不清楚，但据说年化收益率在 30% 左右。

等到 1988 年成立大奖章基金时，西蒙斯开始转向量化策略。向量化的转向主要是西蒙斯的兴趣所致，因为他觉得基本面分析太烦琐和主观，相反，数学模型可以降低投资风险，也能减少人的压力。

大奖章基金在开局的两年表现并不出色，这让西蒙斯不得不在 1989 年 6 月停止了交易，并和最初的合伙人分道扬镳。在接下来的 6 个月中，西蒙斯和普林斯顿大学的数学家勒费尔（Henry Larufer）重新开发了交易策略，并从基本面分析转向量化分析。新的模型逐渐确立，那就是进行市场数据分析，并以短期快速的交易方式来战胜市场。

文艺复兴科技本质上是一家大数据分析公司。“大数据”这个词虽然在几十年前并没有流行，但西蒙斯和他的团队做的正是这一领域的生意，可以说，西蒙斯是最早将大数据分析用于投资的人之一。他们会把市场上某一方面的历史数据都找出来，然后评估这些数据与资产品种价格的相关性。这些数据的量往往十分巨大，因此数据统计分析就需要引入更快的计算机以及更好的统计方法，而后者也正是文艺复兴科技长期战胜市场的秘密武器之一。

除了做大数据分析，高频交易也是大奖章基金的另一特色。西蒙斯和他的团队通过数千次快速的日内短线交易来捕捉稍纵即逝的市场机会，其交易量之大，据说有时能占到整个纳斯达克交易量的10%。

人才是文艺复兴科技成功的最关键武器。西蒙斯本身就是世界顶级的数学家，他所采用的模型则来自于著名的Baum-Welch算法的发明者之一、解码专家莱昂纳多·鲍姆（Leonard Baum）。在文艺复兴科技的200人团队中，博士要占到三分之一（2013年数据），而且这些博士大多不是来自金融领域，而是来自于数学、统计学、物理、天文以及计算机科学等。文艺复兴科技因此也被称为世界上最好的物理系和数学系。

大奖章基金优异的表现不仅来自于整体业绩，也来自于其稳定性。这只基金即使在最糟糕的年份也取得了21%的收益；在2008年金融危机那一年，大奖章基金不但没有下跌，而且还取得了80%的正收益。西蒙斯和他的文艺复兴科技不但是近20年最为成功的对冲基金之一，也是最善于控制风险的基金之一——西蒙斯本人对杠杆的使用非常谨慎。

与其他基金相比，文艺复兴科技的老道之处还在于西蒙斯的实用主义。不少物理学或数学出身的宽客对数学和模型有着迷之自信，并且是有效市场和均衡理论的坚定捍卫者，但西蒙斯可不是这样。对他来说，现代投资组合理论、有效市场假说、资产定价模型等都不是真理，他唯一关注的是自己的策略是否有效，能不能带来更高的回报。对于他来说，不管什么猫，能抓老鼠就是好猫。

许多人都想知道文艺复兴科技到底使用了怎样的模型，但迄今为止，我们看不到任何这方面的消息。这家赚钱机器仍然保持着神秘，就连他的投资者也不知道这背后的秘诀，但这似乎并不影响人们对这家基金公司的信仰：“我们信任它，相信它能够在股市的惊涛骇浪中游刃有余，因此也就不再去想电脑都会干些什么之类的问题。”

有人将这种高频量化基金称之为“黑箱”，对此西蒙斯却回应道：“其实所有人都有一个黑箱，我们把它称为大脑。”在他眼里，公司的方法没有什么神秘的，但这样的回答只是又给这家公司增加了很多神秘色彩。

不过，我们仍然能从西蒙斯的只言片语中发现他的成功秘诀。“我把K线图扒出来对它们做数理分析，（虽然这些）图形看起来很随意，但在我眼中它们并非完全随机。我觉得这些数据当中一定有某些特征，可以用于交易。”在西蒙斯看来，利用数据分析寻找投资机会，可以说是他最为基本的研究方法，他自己也在TED的一次对谈中提到，其实他们使用的方法之一就是人工智能中的机器学习。

71岁时，西蒙斯宣布退休，把基金交给他于1993年招来的两位语音识别专家彼得·布朗（Peter Brown）和罗伯特·默瑟（Robert Mercer）掌管，后两者都是人工智能界的先驱和大牛。这再次印证了，西蒙斯和大奖章基金之所以获得成功，其非常关键的技术就在于对人工智能技术的率先运用。当我们最近几年才谈论人工智能时，西蒙斯的这部赚钱机器已经利用这一技术运转了20年。

小结

在本章中，我们把目光集中到了21世纪头10年的金融业变革。两场泡沫危机给这10年的金融投资发展奠定了基调，不过，在大起大落之中，以量化、高频以及算法等为特色的智能投资只是短暂地受到冲击，却没有遭到致命的打击。相反，在逐利的驱动下，加上计算机和大数据的发展，智能投资的发展显示出更为强大的生命力。不过，我们也看到，随着机器的崛起，个人在投资中的地位越来越渺小。市场已经不再是以前的那个市场，而如果个人投资者仍然抱着以前的态度，用以前的方式进行投资，那么，在一个由机器主导的交易世界之中，个人只能是受害者。在强大的机器面前，个人投资者已然成了弱势群体。

高频交易者几年之中只有一天亏钱，散户却有七成到八成赚不到钱，这就是我们面临的残酷现实。在这样的情况之下，散户投资者势必需要寻找到一种适合自己的投资方式，这种投资方式未必能使个人立于不败之地，但起码可以改善当前的处境。在这样的背景之下，智能投顾出现了。不过，关于智能投顾，我们会在第三部分专门讲述，在下一章里，我们要先看一下人工智能在最近几年的新发展以及它给金融业带来的新变化。

| 第四章 |
算法新时代

智能的新发展

在上一部分，我们提到了人工智能在20世纪后期经历的几个阶段：50-60年代的繁荣期，70年代的寒冬期，80年代的短暂复兴期以及后续的缓慢发展期。但与此同时，以人机交互为特征的智能增强却出现了大繁荣，到了20世纪末期，当“深蓝”战胜国际象棋冠军之后，一场以互联网为中心的资本市场泡沫开始崛起，而后者的破灭也成了新千年的第一个重要的社会经济事件。

泡沫破灭虽然给互联网行业带来了一丝寒意，却也让这个行业开始走得更为稳健和成熟，最终，21世纪头10年成了互联网一统天下的10年，就是在这10年之间，几乎所有的事物都被互联网化了。

大批徒有其表的公司在21世纪初倒闭，但是像亚马逊、谷歌以及苹果这样的企业却走过了冬季，逐步成了新时代的企业霸主。2004年，哈佛的计算机系学生马克·扎克伯格创办了社交网站Facebook，没用几年，这个出自校园的公司变成了全世界最为重要的社交平台之一。门户、搜索、社交……互联网将全世界连接了起来，到 2006 年，全球的网站超过了 1 亿个。

2007 年，苹果公司推出的 iPhone 将我们带入了一个智能的移动新时代。与之前那些以能否砸烂核桃、待机时间长短作为评价标准的功能机相比，这些新的机器有了一个新名字——智能手机。

微软依然是全球 PC 操作系统的霸主，在 2008 年时，全球 90% 的操作系统是 Windows；但搜索已经成了谷歌的天下，而且还推出了手机操作系统安卓（Android），后者逐渐崛起，成了移动时代的手机操作系统霸主。

万物互联的时代，数据开始爆发。谷歌和百度的搜索是人们最为常用的工具，而到了 2012 年，Facebook 一个月的点击量超过了 70 亿次。这些每天都在更新存储的海量数据，已经渗透到当今每一个行业和业务职能领域，成为重要的生产因素，而人们对于海量数据的挖掘和运用，则预示着新一波生产率增长和消费者盈余浪潮的到来。2012 年的全球达沃斯会议宣告，数据和货币或黄金一样，已经成为一种新的经济资产类别。人类进入了大数据的时代。

在计算机运算速度大幅提升以及大数据爆发性增长的同时，人工智能的算法也在取得突破。2006 年，深度学习（deep learning）的代表人物杰弗里·辛顿和其他两位作者发表了《一种深度置信网络的快速学习算法》，将深度学习推向了一个新的时代。

深度学习其实是机器学习（machine learning）的一种算法。那么，什么又是机器学习呢？简单点说，机器学习就是让电脑在没有明确编程的情况下具备自己学习的能力。

机器学习的这个定义最初来自阿瑟·萨缪尔。1952 年，阿瑟·萨缪尔在 IBM 公司研制了一个西洋跳棋程序，这个程序具有自学习能力，通过自己与自己的大量对弈，这个程序逐渐开始理解什么棋是好棋，什么是臭棋，它也知道了占据何种位置才能有更大的赢棋概率。没过多久，这个跳棋程序的水平就超过了萨缪尔。在萨缪尔之前，人们认为计算机是一种没有得到人的指令便无法行事的机器，但是这个程序证明，机器人可以通过自我学习（而不需要人教），超过人类。

传统上，如果我们想让计算机工作，我们会给它一串指令，然后它遵照这个指令一步步执行下去。但机器学习不是这样，机器学习接受的不是你输入的指令，而是你输入的数据。机器学习就是利用数据训练出模型，然后再使用这个模型进行预测。

如果说大数据是新的石油，那么提炼石油就是一门新的有利可图的生意，而既然机器学习能够分析数据、建立模型，然后进行预测，那么我们没有理由不认为，它就是提炼新石油的最好工具之一。

也正是因此，机器学习很快就得到了那些拥有大数据的大型商业公司的青睐：如果它真的能根据用户行为数据有效预测未来，那么，它显然就是提升公司利润和保持公司竞争力的利器。用户多，数据就多；数据多，机器学习做出的预测模型就可能更准确，而这也就可以吸引更多的用户。这样的一种正反馈，无疑成为大型公司投入巨资拥抱机器学习的根本动力。

机器学习可以应用于广泛的领域。一支球队可以通过分析历史数据，找到战胜对手的法门（有一部美国电影《点球成金》就讲述了这个故事）；亚马逊可以通过对用户行为数据的分析，为其更好地推荐图书或商品。机器学习的应用领域可谓无处不在：它和数据库结合，就是数据挖掘；和图像处理结合，就是计算机视觉；和语音处理结合，就是语音识别；和文本处理结合，就是自然语言处理。

机器学习的算法也非常多，支持向量机、回归以及深度学习所使用的神经网络，都是机器学习算法大家庭中的一员。

当下最为火爆的当然是深度学习。要想把深度学习说清楚，我们也不得不花点时间回到从前，梳理一下我们在前文没有提及的人工智能发展史。

我们在之前提到过，即便是在1956年的达特茅斯会议上，与会者也没有就何为人工智能形成明确的共识，不过，后来者将前人对人工智能的观点做了分类，虽然这些分类也不尽相同，但总体上有两个派别是比较清楚的：符号派和连接派。

其中，符号派是比较传统的派别，强调的是推理、规划和知识表示等问题，在这一派的眼中，既然智能是一个黑箱子，那就不要关心这个黑箱内部的构造，而只要关注输入和输出。

而连接派则从人的大脑神经元结构中得到启发，他们相信，既然人类的智力缘于大脑，而大脑正是由万亿个神经元细胞错综复杂连接而成，那么模仿人脑建立起一个人工的神经网络，才是实现人工智能的最好形式。这种观点提出得很早，但是一直没有受到足够重视，直到20世纪80年代辛顿等人提出将反向传播算法用于神经网络，才为神经网络的复兴奠定了基础。

人工智能的再一次大发展，则正是在2006年辛顿等人发表了他们的论文之后。2009年，辛顿将这种方法应用于语音识别领域，结果令错误率大幅下降了25%。在此之后，深度学习发展的标志性事件，多数都体现在了那些掌握大数据并且看重机器学习未来的商业化巨头身上：

2012年，《纽约时报》披露了谷歌大脑（Google Brain）项目，这个项目由吴恩达和Map-Reduce发明人杰夫·迪恩共同主导，他们借助YouTube上的上千万张图片，用16000个CPU Core的并行计算平台训练一种称为“深层神经网络”的机器学习模型，并在图像识别等领域获得了巨大的成功。

2012年11月，微软在中国天津的一次活动上公开演示了一个全自动的同声传译系统，讲演者用英文演讲，后台的计算机一气呵成自动完成语音识别、英中机器翻译，以及中文语音合成，效果非常流畅，其中关键的支撑技术是深度学习。

2013 年 1 月，在百度年会上，创始人兼 CEO 李彦宏高调宣布要成立百度研究院，其中第一个重点方向就是深度学习，并为此成立深度学习研究院（IDL）。

深度学习的这种大发展开始逐步得到业界和学术界认可。2013 年 4 月，《麻省理工学院技术评论》杂志将深度学习列为 2013 年十大突破性技术之首。同一年，辛顿离开了学术界，加盟了拥有强大数据资源和计算能力的谷歌；另外一位以卷积神经网络闻名的杨立昆（Yann LeCun）则在同一年加盟了 Facebook，创办了人工智能研究实验室。

3 年之后，谷歌的 AlphaGo 利用“深度学习 + 增强学习”的人工智能，打败了世界围棋冠军李世石。一场人工智能的新热潮，也由此变成了一种人人谈论的新话题和新景象。

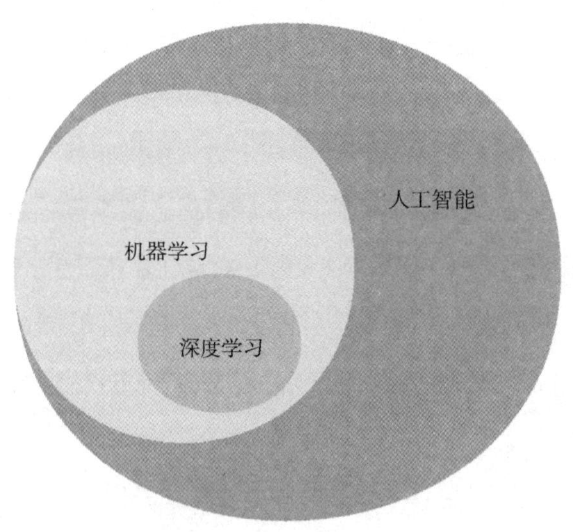

图 4-1　人工智能、机器学习以及深度学习之间的关系

被加速替代的人类

进入21世纪的第二个10年，机器学习的威力也逐渐发挥出来，在几个重要领域都取得了非常大的成果。

首先是图像识别。从2010年开始，来自全世界研究机构和技术公司的人工智能高手，每年都会聚集在一起，参加一个由ImageNet项目组织的大规模视觉识别挑战赛——也就是一起比赛一下，谁的技术能够更好地通过图片或者视频来识别出物体。这个比赛从建立之初就成为图像识别的推动者。在最初，机器算法对物体进行识别的准确率只有71.8%，但到了2017年，这一比率就上升到了97.3%，而且从2015年开始，机器对图像的识别错误率就已经开始低于人类。也就是说，在图像识别方面，机器已经开始超过人的眼睛了。

如今，图像识别已经应用到了各种各样的领域。举个最简单的例子，如今的各种美图软件都已经能够清晰地识别人的面部，并且有针对性地进行图片优化或者给人像配上各种各样的可爱表情。

商业上的应用也开始不断出现。例如滴滴和优步都开始用面部识别来对司机进行验证，这种验证可以更好地保证司机身份的真实性。在共享出行大行其道之后，交通出行的安全就成为一个热点话题，许多司机犯罪案件使得这些公司承受了巨大的压力，利用图像识别，这些公司就可以更好地掌握司机的数据，也给出行安全加上了一道新的屏障。

在金融领域，图像识别的应用也已经非常普遍。例如，很多的银行或者小额信贷公司利用图像识别来验证用户的信息，对于这些金融机构来说，“刷脸”可以让他们掌握更多的用户信息，提高对风险的把控能力，而对于用户来说，图像识别则让生活更加方便：原来很多要跑到银行去拍照办理的业务，如今只要在家里就可以完成。

2017 年，苹果推出了新款手机 iPhone X，这款手机取消了先前的指纹识别，取而代之的是人脸解锁功能——使用者只要盯住手机屏幕，就可以轻松打开手机界面。

其次是自动驾驶汽车的发展。早在 20 世纪 70 年代，人工智能的先驱就开始研究能行走的机器人，我们在前面提到的 Shaky 就是其中的一个不那么成功的尝试——几十年前，无论是计算机的运算能力还是数据量以及算法，都无法支撑这样的一个野心。因此，关于机器人的梦想，我们最初只能在《变形金刚》这样的动画片里实现。

不过，借助于机器学习等技术，这个梦想在进入 21 世纪后逐步变成现实。原斯坦福大学教授塞巴斯蒂安·特伦（Sebastian Thrun）在斯坦福大学期间率团队开发了 Stanley 机器人汽车。2005 年，这个能在沙漠中自己行驶 132 英里（约 212 千米）的机器人，在 DARPA（美国国防部高级研究计划局）机器车挑战赛中获胜，并赢得了 200 万美元的奖金。2009 年，在特伦的领导下，谷歌启动了自动驾驶汽车项目，自动驾驶由此开始进入大发展时期。到 2010 年，谷歌自动驾驶汽车测试里程超过 14 万千米（约 23 万千米）。到 2016 年，谷歌测试车辆在美国 4 个城市的测试里程更是达到了 200 万英里（约 322 万千米）之巨，不仅如此，这些自动驾驶车辆还学会了鸣笛，并且可以分辨出骑车人和行人。

除了谷歌，其他的科技公司和传统的汽车厂商也开始进入到这一领域。在中国，百度的掌门人李彦宏为了推销自己公司研发的无人驾驶汽车，亲自在北京的道路上进行了试验。优步、特斯拉、宝马、福特等公司也陆续加入到自动驾驶的阵营之中。按照乐观的估计，大约在 2030 年之后，由人工智能操控的无人驾驶汽车将陆续批量投入到市场之中，届时，或许满街都将是没有驾驶员的自动驾驶汽车。

深度学习也带动了语音识别的发展。如今，语音识别已经可以较为轻松地将语音转换为文字，而且其错误率也一直在降低。苹果早在多年前就推出了可以和人对话的 Siri，而今，几乎所有大公司的应用都支持语音输入。智能音箱已经进入了很多家庭，它既是一个玩具，也是一个简单的生活助手，同时也是最好的语音数据收集器。

与此前相比，由机器学习尤其是深度学习所引发的这一波人工智能热潮，得到了风险投资和各大商业公司的共同追捧。业界的普遍共识是，尽管人工智能没有我们想象得那么好，但是它的确也在改变我们的生活，颠覆此前的商业模式。人工智能如此迅速地商业化，对普通人带来了严峻的挑战，就像几百年前的工业革命让机器取代了手工业者，如今的专家和有识之士也开始担心机器对人的替代：很显然，自动驾驶的崛起，必然会冲击司机的就业，而图像识别则有可能让很多保安或者高速公路收费员失去工作，语音识别及自然语言处理要消灭的则是速记员甚至还有翻译。创新工场的李开复曾经不止一次说，人工智能的兴起将使得 90% 的现有工作被取代。

许多人认为这是一种不可能发生的事情，但实际上这种情况已经在身边发生。在北京或者其他稍具规模的城市，停车场的收费员逐渐成为一个被消灭的岗位，越来越多的停车场变成无人车库：进出都是由机器扫描车牌，而收费则转移到线上完成。

还有人认为，即便机器可以替代人类，那也只是替代其中的一些简单的重复性体力劳动，例如上文中的停车场收费员，他们的工作就属于这一性质。但这样的看法也有失偏颇。我们纵观智能的发展历史就知道，那些更需要智力，尤其是逻辑性推理的活动，实际上是机器更为拿手的活动。例如，在 20 世纪 60 年代人工智能概念提出的早期，人工智能最先攻破的是证明数学定理这样高深的活动，相反，倒是一些连三岁小孩都掌握的行为，例如推门关门等，机器人则要过很多年之后才能掌握。

在当下，脑力劳动从业者也受到了严峻的冲击。一个典型的例子就是网络编辑。在过去的10年，网络编辑从无到有，他们的主要工作就是判断文章是否会受到读者的喜爱，并且根据这种判断决定哪些新闻放在头条。但时至今日，在诸多大型互联网资讯公司里，传统网络编辑所从事的工作被更多地交给了机器和算法。虽然2018年4月，有关部分下发指令，“为依法规范传播秩序，各互联网应用商店暂停今日头条、凤凰新闻、网易新闻和天天快报四款移动应用程序的下载服务”，但随着算法的快速发展，以及相关公司的规范化运营，机器和算法依然可能会大面积取代网络编辑的工作。

由此可见，无论是体力劳动者还是脑力劳动者，都将面临新一轮人工智能大潮的洗礼，而如果我们将个人投资行为视为一种脑力劳动的话，显然，个人的投资也将受到人工智能的进一步冲击。而事实上，这也是如今正在上演的故事。

机器学习的进攻

在前面的章节之中，我们对金融投资的数千年发展历史进行了浅显但本质化的探寻，通过这些探寻可以发现，金融不但是智能与量化的产物，也是最早运用机器智能和量化分析的行业，是智能与量化的推动者。这种趋势在20世纪后期变得非常明显，到了21世纪，更成为金融所彰显出来的最重要特征。金融从业者相信数据统计，相信模型和算法，更依赖运转越来越快的计算机，这些都使得他们对新的技术有着更强烈的渴望。金融从业者知道，只有运用更为强大的技术，使用更为先进的算法，掌握更多的数据，才有可能在激烈的竞争中取胜，才能更好地获取利润。正是因此，他们对机器学习和深度学习等人工智能技术的追逐也就变得顺理成章。

金融业从一开始就可以看作一个数据行业，到了 20 世纪 80 年代之后，随着交易越来越电子化，电子数据的数量也开始爆炸性增长，金融从业者也越来越认识到数据的重要性。

这种重要性的一个最初体现就是彭博公司的建立与壮大。彭博公司由迈克尔·布隆伯格于 1981 年创办，时至今日，已成为全世界最大的金融信息服务商。

在 1981 年之前，布隆伯格这位哈佛商学院的高才生一直在所罗门兄弟公司工作，起初他是一位交易员，后来因为业绩出色而逐步晋升为合伙人。不过，后来公司的内斗让布隆伯格成了牺牲品，他被从一线职位上赶下来，被派到后台负责计算机和数据系统。在当时，负责数据信息系统就跟被打入冷宫没什么区别，但对于布隆伯格来说，这次挫折却使他看到了数据和信息的价值所在。不久之后，他被所罗门兄弟公司彻底扫地出门，于是他就拿着 1000 万美元的分手费开始了彭博公司的建设。

彭博为金融机构提供实时的金融数据、各种计算工具和数据分析服务，甚至还建立了一个交易平台。这些服务很快得到了金融机构的认可，彭博也因此快速发展。到如今，除了金融数据之外，彭博还创办了新闻社、电视台以及杂志等，为用户提供其他类型的数据和信息。

互联网催生了大数据时代的到来，而这也在无形之中影响到了金融产业。金融行业对数据的利用，说到底就是两个方向，一个是风险控制，包括投资风险和信贷风险，另外一个则是机会挖掘。在大数据时代之前，可以说，金融业对数据的利用基本限于金融行业本身。但是，随着互联网提供了越来越多的图片、文字、视频等信息，金融业也逐渐认识到这些数据对于掌控风险和发掘机会的重要性。挖掘这些数据，然后从一些不相关的数据中间找到其与金融波动的相关性，正是金融业新的机会所在。

上文提到的西蒙斯和他的大奖章对冲基金，就是这一方面的一个最典型的成功案例。西蒙斯自己是一个没有学习过金融的数学家，他所雇佣的物理学家和人工智能专家也完全是非金融出身，但是他和他的团队却极度善于从不同的事物之中发现关联性，然后用这种关联性来预测市场变化。

尽管西蒙斯很少透露自己的成功秘诀，但在TED的一次对谈中他承认自己使用了人工智能方法。

Q：机器学习在这里扮演了怎样一个角色？

A：某种意义上，我们做的就是机器学习。你观察一大堆数据，模拟不同的预测方案，直到你越来越擅长于此。我们所做之事，不见得一定有自我反馈，但确实有效。

我们知道，传统的宽客遵循的是一个自然界的基本定律——大数定理，同时它们也是均衡和随机游走的信徒，这样的一个基础，加上又都是在使用金融数据进行建模，因此他们所能结出的成果往往会过于相似或者趋向相似，而这对于金融机构而言则是一种灾难，这不仅会加剧竞争，也会增加市场风险。

但西蒙斯这一派使用的方法明显不同。他们不会对市场有效这样的理论抱有过多的遐想，相反，他们相信的是数据本身。输入数据，得出模型，然后通过市场来验证，这才是他们的行事方式。

在这里，我们也看到了机器学习投资和量化策略的根本不同。量化策略就是由人主观设定一种选股方法，然后进行编程，交给电脑去运算并得出选股结果，但是机器学习投资则是尽量从数据出发，由机器去寻找不同因子和金融波动的相关性，然后机器自己再设计出用于实践的新模型。简单点说，前者是一个静态的分析过程，但是后者永远处于动态之中，因为计算机可以随时根据数据变化做出策略调整，但由人设置的因子，只有靠人的干涉才能得到修正。

机器学习时代的投资变得非常有趣，那就是不再局限于使用金融本身的数据，相反，它把眼光放到了更为广阔的世界之中。就像混沌理论认为一只蝴蝶扇动翅膀就可以引发一场远方的风暴，机器学习要做的就是找到谁是那只蝴蝶，谁是那场风暴，以及两者之间的关联性到底如何。

在前文中我们也提到，在 21 世纪的第一个 10 年之中，高杠杆的高频交易成了市场上的一把利剑，它一秒钟完成上百万次快速交易的能力，可以轻易把人拉到马下。对人来讲，高频交易似乎是不公正的交易方式，毕竟速度并非人所擅长，人更擅长的是智力活动。然而到了机器学习的时代，人更擅长智力活动的观点恐怕也要被证明是一个伪命题，因为机器学习想要做到的，不再是靠速度取胜，而是靠“能力”——从大量千丝万缕看似毫无头绪的数据中发现问题本质或者机会的能力。

除了文艺复兴科技这样的典型基金公司，其他人也在尝试将人工智能用于金融交易。

毕业于麻省理工学院的未来学家雷·库兹韦尔一直是人工智能的坚定支持者，他相信计算机和人工智能终有一天会达到一个自我创造的时刻，而这个时刻就叫作“奇点”。虽然这位未来学家的主业是创作和发明，但是他在 1999 年时就开始涉足对冲基金。这家于 2006 年开始交易的基金叫作肥猫（FatKat），它的主要策略就是利用算法来收集和梳理市场机会，出奇制胜。按照库兹韦尔的理论，机器将取代人类，掌控全世界所有的股票交易。在一个机器操控的市场里，没有人性的贪婪和恐惧，因此也就不会有大崩溃和泡沫。

阿斯托·泰勒（Astro Teller）如今是谷歌 X 实验室的 CEO，但在此之前他曾经有过多次创业经历，其中也包括和别人共同创建了一只叫作“小脑资本”的对冲基金。这家对冲基金使用机器学习来制订投资策略，他们的机器学习程序被命名为“源机器”。源机器会模拟很多不同的交易信号，然后从中找出最好的，也就是说，这个机器可以先生成很多的算法，然后通过测试，来确定哪个算法更好——换言之，这些算法可以自我进化。

这家基金研究的数据也非常广泛，例如他们会关注交易员的情绪，而对情绪进行关注的数据主要收集于他们的网上酒店房间预订数据。他们认为，这些数据越高，说明交易员的情绪越乐观。当然，小脑基金不会仅仅根据这样一个简单的数据就做出投资决策，实际上，这只是他们众多测量数据中的一个。

结果证明，这种方法还是很成功的。在最初，这只基金管理的资金只有数百万美元，但后来他们管理的资金量扩展到了数千万美元。

斯宾塞·格林伯格和亚历山大·弗莱斯创办的反叛研究（Rebellion Research）是另外一家知名的机器学习投资公司（见图 4-2）。这家公司的创始人都极为年轻，但却是人工智能和机器学习的坚定信仰者，他们把机器学习明确写到了自己的网站上。

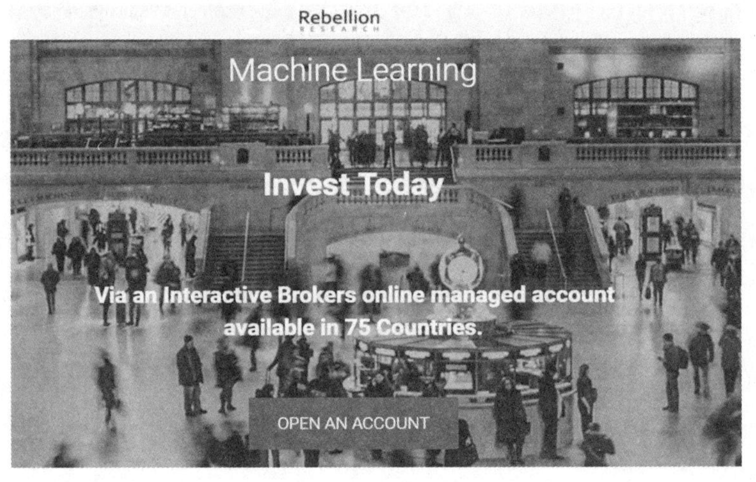

图 4-2　反叛研究公司的页面

反叛研究的成名要源自 2008 年金融危机之后。此前，两位创始人一同研发出一款叫作“明星”的人工智能程序。这款程序可以扫描全世界各个国家和各个市场的数据，然后将这些收集到的数据转换为投资策略——当然，作为机器学习的算法，这款程序也会自我学习。在 2007 年时，这款程序自动清仓了大量后来暴跌的股票，同时又买入了很多黄金股和非周期股，这使得使用这款程序的公司大赚了一笔，在市场最为惨烈的时刻，连续两年大幅战胜市场。

如今，这家公司的队伍已经得到大幅扩充，其中最主要的成员都是机器学习出身的博士或者专家。反叛研究会以日为单位，扫描53个国家的数据，而其数据积累更是多达20年。他们在网站上写道，公司的使命就是要以机器学习和人工智能的方法来为投资者管理资产。

“很明显，人类没有进步，但是计算机和算法只会变得越来越快，越来越强大。”斯宾塞·格林伯格如是说。

机器学习正在入侵投资界，越来越多的公司和研究者也正在将这种方法用于交易之中。以下就是从各类报道中收集到的相关信息：

伦敦帝国学院数学系的 Justin A. Sirignano 称，他利用2014－2015年纳斯达克市场489只股票的交易情况提取了高达50TB的数据。在使用其建立的“空间神经网络”进行训练和测试后，这位学者发现能够提前1秒钟预测到买卖双方的报价情况。

美国伊利诺伊理工大学的 Matthew Francis Dixon 利用深度学习神经网络，试图预测43种大宗商品和外汇期货在未来5分钟的价格变动。他们的信息接收端包含9896个神经元，用于处理不同合约之间的价格差异和协同效应。

创办于2015年的旧金山对冲基金 Numerai，推出了其第一只基金。该公司通过举办机器学习竞赛来寻求更好的投资策略，具体做法是：采集财务数据——加密——将数据投入机器学习算法比赛——筛选最优结果。

斯坦福大学的 Ruoxuan Xiong 等人试图通过集成了谷歌趋势和市场数据的 LSTM（Long Short-Term Memory）区块来预测标普500指数的波动性。这项研究显示了在存在大量噪音的情况下深度学习金融时间序列的潜力，研究中所用的方法能够直接应用于其他的金融变量。

Bartlit Beck Herman Palenchar 公司的 J. B. Heaton 等人试图打造出表现超过美国 IBB 生物医药指数的投资组合。他们的研究工具包括5个神经元，利用 2012 – 2016 年间 IBB 成分股票的每周收益数据进行分析。

这种对机器学习的热情，显示出人工智能在金融及投资领域的威力所在。毫无疑问，会有越来越多的人工智能专家投入到金融市场，因为与很多其他市场相比，金融市场是最容易检验结果正确与否的场所。投资公司 Protégé Partners 的创始人杰夫·塔蓝（Jeff Tarrant）花费数年研究金融领域的人工智能，在他看来，虽然人工智能技术在金融上的应用还处于采用的早期阶段，但将对这个行业产生变革性的影响。

不过，乐观情绪的背后其实也有一些隐忧。最大的问题是人工智能并不是想搞你就能搞并搞好，许多跃跃欲试的公司都一度折戟沉沙。正如一家叫作 Sentient Technologies 的对冲基金所言，现在人工智能面临的问题是"机器学习容易产生'过度拟合'，在特定的数据库中用特定的模式进行机器学习具有很大的局限性。"金融数据的量很大，但是信息量却未必有 Facebook 上的那些数据丰富。Sentient Technologies 的创始人之一是研发苹果 Siri 系统的前工程师，在过去的几年中，该基金是最受硅谷关注的人工智能对冲基金，其出资方不仅包括中国香港首富李嘉诚，还有印度的塔塔钢铁集团。

其次是人工智能的人才现在也非常稀缺。在 2015 – 2016 年，各大科技公司就展开了对人工智能人才的搜刮，其报出的年薪可以高达数百万美元。直到现在，真正懂人工智能并进行应用的人才可谓寥寥无几。这在一定程度上也限制了人工智能在投资领域的应用。

尽管有各种不利的因素，但人工智能和机器学习类基金仍以强有力的业绩证明了其能力的优越性。根据 Eurekahedge 网站的统计，从 2011 年到 2016 年，人工智能类对冲基金每年的业绩回报在多数时候都大幅高于传统量化基金以及对冲基金的平均业绩回报（见表 4-1）。从长期来看，人工智能基金的 5 年年化回报率要比传统量化基金高出近 5 个百分点。

当然，即便如此，也会有很多人工智能可能跑不赢指数或者输给其他类型的基金，一方面是因为人工智能不是万能的，另外一方面是因为人工智能基金也有水平、层次之分。毕竟，相比普通的量化策略，机器学习在各个方面的要求更高，尤其是智力方面的投入更高，因此，我们必须破除一个误解，认为带上机器学习或者人工智能，就一定意味着更高的收益率。这是不正确的。

表 4-1　人工智能/机器学习对冲基金与传统量化对冲基金的业绩对比

	Eurekahedge 人工智能/机器学习对冲基金指数	Eurekahedge 传统量化基金指数	Eurekahedge 对冲基金指数
2011	14. 10%	2. 33%	-1. 75%
2012	-1. 80%	2. 66%	7. 34%
2013	10. 34%	0. 55%	9. 24%
2014	7. 64%	9. 66%	4. 89%
2015	16. 40%	-0. 31%	1. 78%
2016	5. 01%	1. 15%	4. 48%
5 年年化回报率	7. 35%	2. 68%	5. 51%

但是，大奖章基金、小脑资本以及反叛研究这些成功的公司证实了人工智能的潜力。而且按照正常逻辑，一旦人工智能的效果得到了验证，那么所有的公司都会投入其中，在这方面展开“军备竞赛”。

一些大公司已经迈出了这一步。摩根大通在 2017 年雇用了微软的机器学习专家 Geoffrey Zweig。他将使用摩根大通数据开发可以适用于整个公司的机器学习策略。该公司称，公司曾在 2017 年利用机器学习技术推出一款预测性推荐系统，辨别应该发行或出售股票的客户。如今，摩根大通计划将它推广到其他领域。

另外，摩根大通还设计了一款名叫 COIN 的金融合同解析软件。这款软件可以只用几秒钟就完成原先律师和贷款人员每年消耗 360000 小时才能完成的工作，而且这个软件可以全年无休。

摩根大通的掌舵人杰米 · 戴蒙在 2017 年透露，2016 年摩根大通在金融服务技术上的花费高达95亿美元，这些资金投向了数字化、大数据以及机器学习等领域。

另外一家领先的大公司高盛也不例外。如今的高盛已经越来越像一家科技公司，其技术部门雇佣的工程师就超过了9000人。高盛聘请了数据科学家和机器学习的专家，以求实现更高的业务自动化水平。作为一家老牌投行，高盛在过去几十年中一直大力加强技术能力，建立了一套复杂的技术信息系统。如今，高盛的高层相信，应该将这些复杂系统的运行更多地交给机器来打理，这不仅可以解放其雇员，让其专注于更具创新性的工作，同样也是一种减少运营风险的方法。

其他的投行也在推行类似的变革。全球著名的咨询公司波士顿咨询在其2017年的全球资产管理报告中说，资产管理这一行业正面临日益严峻的挑战，而全新的颠覆性技术将在给某些资产管理机构带来机遇的同时对另一些机构形成威胁。报告指出，若想在未来制胜，资产管理机构需要全面拥抱人工智能、机器学习、大数据和分析等先进技术来实现创新，从而抓住机遇、果断行动、变革工作方式。

对技术巨额投入的影响是多方面的，它既可以增强企业的竞争力，也意味着公司在人员组成等方面的结构变化。一些岗位会因为技术的需求而诞生，另外一些岗位则会因此消失。如今的金融机构中有了越来越多的机器学习专家和大数据专家，但同时华尔街的部分传统交易员开始被自动化程序替代。2000年，高盛的柜台还雇用了600名交易员，但如今，高盛在纽约总部的现金股票交易柜台只剩下2个人，另外高盛还增加了200名计算机工程师。交易员的薪资和奖金占据了公司利润的很大一部分，如今可以用不需要领薪水的机器取代，对于企业业绩来说自然是一个利好，但那些被解雇的交易员可能就不这么想了。

但这种人员结构的变化趋势已经很难扭转。在未来，可能有越来越多的投资经理被人工智能替代，更不用说是普通的投资者了。在20世纪70

年代，“投资者无法战胜市场”的思想让计算机管理的被动型投资开始崭露头角，但主动投资者并没有因此而受到太大的冲击。然而，人工智能和机器学习的野心更大，它们希望发挥数据分析与预测的超强能力，以此在基本面分析方面战胜主动投资者。以前有股神巴菲特，如今机器智能想要做的是一个完全自我管理的数字版巴菲特。当然，我们也不能忘记机器版巴菲特还有真人巴菲特所不具备的优势：不需要休息，收取的费用更低。

当然，机器版的巴菲特要想真正超过真人巴菲特，还需要假以时日。尽管目前人工智能可以帮助对冲基金跑赢传统的量化对手，但这并不意味着它已经完全具备了战胜市场的能力。金融市场不是围棋比赛，它没有固定的规则，却有更多的博弈对手，因此要在金融市场上取胜，比和李世石或柯洁下一盘围棋要难得多。

另外，也正如我们在前文所提到的，人工智能人才的匮乏限制了这一行业的发展。一些机构已经开始寻求办法解决这一问题，例如英国的英仕曼集团就与牛津大学合作，推出研究机器学习和数据学的新专业方向。而那些等不及的金融机构则早已展开了挖人大战——2017 年 5 月，微软人工智能首席科学家邓力宣布离开微软，转投格里芬所领导的著名对冲基金大本营公司，担任首席人工智能官一职。在人工智能的时代，金融公司越来越像科技公司了。

小结

进入 21 世纪的第二个 10 年，静态的量化策略虽然仍是市场的主宰，然而，人工智能的新一轮崛起，尤其是深度学习的发展，使得能学习的机器逐渐崛起，动态算法已经从业绩上证明了它的优势。在 21 世纪的第一个 10 年内，宽客们曾经靠更复杂的产品和更快速的交易来实现对利润的追逐，但到了近年，他们发现自己越来越不是计算机工程师的对手。传统的交易员越来越少，取而代之的是越来越聪明的计算机。量化交易让散户成为看客，人工智能要消灭的，则是基金经理。

机器的崛起让我们开始思考作为个人的价值。既然西蒙斯已经用人工智能在收益率上打败了巴菲特，那么，个人投资者研究20世纪的技术分析文章，阅读股票大作手利弗莫尔的回忆录以及格雷厄姆的《证券分析》到底还有什么意义？新的时代，“聪明的投资者”的含义也许早已经发生了变化。也许，远离市场，把资产交给一部聪明的机器，才是如今的最佳选择。

在这样的背景之下，一种新的针对散户投资者的财富管理模式——智能投顾——应运而生。

第三部分　智能投顾新发展

21 世纪初的网络泡沫和 2008 年的金融危机，让我们看到了世界金融体系的不稳固性。机器时代的崛起，则让个人投资者在强大的市场面前显得更加形单影只。

除此之外，这两场危机也再一次暴露出个人在投资行为上的有限理性，而这正是行为经济学和金融学所研究的中心问题之一。在 21 世纪，这门曾经被视为“非正统”的经济学流派，因为对危机的成功预测而逐渐得到重视。在此之前，一些学者就已经开始讨论人性在投资之中的表现，但行为经济学则将一些表象进一步总结为更具普遍性的理论。而依照这些理论，我们或许可以说，个人其实天生不适合“投资”。

世界的不平衡也在加剧，而这种加剧在金融投资的表现上也十分明显。正如《21 世纪资本论》的作者、著名经济学家皮凯蒂所言，富有的人士更能够利用资本优势，取得更高的收入增长和资产增值，相对而言，绝大多数的普通投资者，尽管也可以参与资本市场，但总体而言处于劣势之中——他们无法参与到最好的私募基金之中，他们也无法享受到高净值人群所能得到的高质量财富管理服务。在 2008 年金融危机爆发之后，关于财富不平等的讨论也逐渐升温。

在这样的背景之下，智能投顾——一种为普通个人投资者提供高质量财富管理服务的模式开始崭露头角。

智能投顾以大数据与机器算法为基础，专门为普通的投资者提供廉价与低风险的投资服务。从理念上来说，智能投顾可谓博采各家之长：从行为经济学的角度而言，使用机器人或者人机结合的服务方式，可以有效避免个人投资者的非理性；智能投顾的投资组合和资产配置多样化思想，正是诺贝尔经济学奖得主马科维茨理论的核心体现；对算法和大数据的应用，为投资者提供千人千面的服务，则是人工智能的一种具体应用。

当然，作为一种新的事物，智能投顾也有自己的烦恼。这些烦恼有技术上的，也有政策方面的，有些问题很特殊，而有的则可能非常难以克服。除此之外，因为国情的不同，中国和美国的智能投顾发展也各有特色。

| 第五章 |

智能投顾的诞生

个人投资者何为?

在前面的几章中，我们对机器以及智能的崛起做了简要但明确的探讨。探讨的结论非常清晰：从量化到人工智能，机器早已成为市场的绝对主导者，而人，尤其是个人投资者，不但已经不再是市场的主角，而且可能是最弱势的一个群体。

但对于个人投资者而言，影响其投资行为和投资结果的，远远不止是机器这个因素。实际上，机器越来越强大只能算是一个外部因素。影响个人投资的还有一个重要内部因素，那就是人本身的投资情绪和行为方式。

众所周知，在传统的经济学理论中，人被定义为一种理性的动物，其行为都是以利己为核心的。这种“经济人”假设最早来源于现代经济学的鼻祖亚当·斯密：

每个人都力求运用自己的资本，生产出最大的价值。一般而言，他不会为了促进公共利益，也不知道促进多少。他只考虑自己的安全，自己的所得。正是这样，他由一只看不见的手引导着，实现着他自己并不打算实现的目标。

亚当·斯密最初的这一段简单描述，后来不但被当成了经济学的“圣旨”，更得到了后来的许多经济学家进一步阐释。

冯·诺依曼（就是我们之前提到的人工智能先驱之一，计算机之父）和摩根斯坦两位学者在20世纪50年代提出了期望效用理论，讨论了关于面对风险时应该如何做出最优选择的问题。在传统经济学家看来，理性人都会按照这一理论行事，也就是说，人知道如何应对风险并做出理性的决定。

后来，1995年诺贝尔经济学奖得主罗伯特·卢卡斯又提出了合理预期理论，按照他的理论，经济人因为理性，所以会选择最符合自身利益的行为行事，他们会对现有的信息进行充分的理解，然后在此基础上做出决策。

总而言之，在传统或者叫作经典经济学家的眼中，人就是这样子的：

- 人对各种事情的预期都是偏向理性的；
- 人们期望获得最大的效用，而如果是一个公司，则要以利润最大化为目标；
- 人可以根据掌握的全部信息做出符合自己利益的正确选择。

尽管这样的假设被追捧者认为是不证自明的公理，但类似的观点的确从一开始就遭到了质疑——尤其是那些非经济学出身的人。道理也很简单，历史上有太多的事情可以证明从亚当·斯密的一段话就推断出人类的理性是多么的可笑。

在最早对斯密的这种理念提出质疑的人中，查尔斯·麦基要算一个。麦基和斯密一样来自苏格兰，而且也上过同一所大学——格拉斯哥大学，但他却对人类抱有完全不同的看法。在他看来，人类不但不理性，反而是一群疯狂的动物。在他所写的《财富大癫狂：集体妄想及群众疯潮》一书之中，他把人类做过的那些疯狂的事揭了个底朝天，其中，他尤其重点记述了人类在财富投资上的癫狂行为：400 年前，荷兰人为了郁金香球茎而神魂颠倒。随后，法国人为了一个虚假的“密西西比计划”陷入了巨大的投机狂热之中；300 年前，以理智著称的英国人同样在“南海泡沫”事件中无力自拔……

在麦基看来，群众疯狂不分阶级，是一种全民的行为。而在各种各样的大泡沫中，人们之所以不分男女老幼、高低贵贱，都渴望快速致富参与投机，归根到底是因为他们本性如此——人都是非理性的。

麦基是第一个将南海泡沫、密西西比泡沫以及郁金香泡沫一起展现在我们面前的作家，而也正是因为他的生动描述，我们至今仍然时常提及这些历史上真切发生过的投机事件。不仅如此，这些例子也成了反驳经济学理性假说的重要依据，毕竟它们都是历史上真实发生过的事情。

的确，人类在历史发展的过程之中经常干出很多愚蠢的事情，否则就不会有那么多的战争、疾病以及死亡。就连英国最著名的经济学家白芝浩也觉得，只要人和金钱沾上，就会产生一些奇怪的事情：人会蠢蠢欲动，然后开始投机，直至最后泡沫破灭，出现恐慌。

经济史学家查尔斯·金德尔伯格在 20 世纪也写了一本关于疯狂和崩溃的书，不同于麦基的极端，金德尔伯格认为人类总是制造大泡沫和大崩溃的原因在于“合成谬误”触发了人的从众心理。简单地说，就是每个人的行为都会基于理性，但是如果其他人都这么做，结果就未必是理性的。在他看来，历史上满眼都是理性人不理性的例子，比如我们在前面屡次提到的牛顿炒股的故事。

法国心理学家古斯塔夫·勒庞则在 19 世纪末写了一本至今仍受追捧的书籍——《乌合之众》。这本书对群体心理所做的解读，既让人感觉诧异，但也的确戳中了很多要害。勒庞在书中指出，个人一旦陷入群体之中，其个性就会被淹没，与此同时，情绪化、极端化以及低智商化的特征开始显现。

“人一到群体中，智商就严重降低，为了获得认同，个体愿意抛弃是非，用智商去换取那份让人备感安全的归属感。”勒庞说，“我们以为自己是理性的，我们以为自己的一举一动都是有其道理的。但事实上，我们的绝大多数日常行为，都是一些我们自己根本无法了解的隐蔽动机的结果。”

1929 年美国股市的大崩盘再次使全球投资者遭受打击，也让人进一步思考人的行为对市场的影响。1936 年，著名的经济学家凯恩斯在其重要著作《就业利息与货币通论》中提出了“动物精神”一词，他指出，人类的本能与情绪等都会自然而然地影响人的行为：

即使排除了投机所导致的不稳定性，这里的不稳定性也有由人类本性所带来的影响，即我们大部分的积极活动都源于自发的乐观情绪，而并非是数学上的预期，不论是道德的、享乐主义还是经济的。我们想做正事的决定（整个进程和后果往往需要酝酿很多时日），大部分也许只是体现着某种动物精神。动物精神是一种自发的冲动，它是有所为而不是无所为的，也并非加权平均和概率量化各种好处的结果。

虽然凯恩斯没有对“动物精神”四个字做过多的阐释，但毫无疑问，他的这一解释启发了不少后来的学者，而这也使他成了行为经济学的先驱人物之一。

另一位对人类行为研究颇深的则是赫伯特·西蒙，这是一位在 1955 年参加达特茅斯会议的人工智能元老。西蒙发现，经济人假说基础上的理性决策理论完全只是一种理想模式，在实际之中根本不可能得到应用。他提出，人是一种处于完全理性和完全非理性之间的有限理性生物。这位西蒙先生横跨人工智能、心理学、社会学以及管理学等学科，既拿过图灵奖，又拿过诺贝尔经济学奖，也是一位天才级的人物。

但无论是在政策层还是在学术界，这些研究结论都得不到太多的重视和认可。监管层对民众的非理性情绪置若罔闻，面对低迷的经济，他们认为适当的投机活动可以促进经济的活力，而且理性的投资者完全有能力判断市场是否过热。这一理念的典型代表就是格林斯潘。这位曾主政美联储多年的自由派官员就说，泡沫是无法判断的，只有它破灭了才知道是泡沫。

然而，2000 年网络大泡沫的破灭给了格林斯潘等市场理性派人物当头一棒。纳斯达克高达八成的跌幅，不仅使得几万亿美元的财富灰飞烟灭，也让美国经济遭受到了重大的打击。这时候，那些曾经多次呼喊市场非理性、投资者非理性的学者，才得到了出场的机会。

2001 年，美国经济学会将经济学的重要奖项克拉克奖颁给了马修·拉宾，这是自 1947 年以后该学会首次将这一重要奖项颁发给一个行为经济学学者。一年之后，著名的心理学家、行为经济学家卡尼曼获得了诺贝尔经济学奖。与此同时，以《非理性繁荣》一书成功预测了网络泡沫崩溃的耶鲁教授罗伯特·席勒开始受到关注——席勒教授也是一位典型的行为经济学家，在他看来，市场的波动和变化与时尚的流行也并无太大区别，很多波动是无法用传统理论来解释的，相反，它更多的是人内在情绪的一种推动。

之后，行为经济学理论开始越来越受到重视，尤其是在 2008 年的金融危机之后，社会对金融市场的反思有了进一步的深化。2013 年，认为市场无效的席勒也获得了诺贝尔经济学奖。2017 年，另一位行为经济学的开创者理查德·塞勒也获得了诺贝尔经济学奖这一殊荣。

现在让我们看看行为经济学对人的行为的诸多研究成果，这些结论多数与传统经济学的理性人假设完全相悖，但是在实际生活中，我们可能对这些行为的特点再熟悉不过。

过度自信：投资者经常会高估自己的能力、智慧、预测的准确性以及对市场的判断。

过度乐观：投资者会过分乐观地看待资本市场，放大积极结果的可能性，他们也过高估计了自己对财务的掌控能力。

模式化：很多投资者会将复杂的市场过分简化、概括化，对市场的某些股票、某种人或者某个机构形成特定的看法，而且这个看法很难扭转。

锚定效应：投资者常常过分关注某一资产的特定价格范围，然后将其作为一个买卖的标准。

错误的因果联系：投资者经常会把某些事和某种资产的涨跌联系起来，但很多时候这些事物的关系往往都是随机的。

心理账户：很多投资者没有对自己的资产进行通盘考虑，而是区别对待，这使得这些不同的部分经常出现策略或者理念上的矛盾。

更看重近期发生的事情：由于人的健忘，人总是更容易记住近期发生的事情。这就像人们常说的：在股市里，人的记忆只有3分钟。

拒绝改变：人一旦做出了投资决定，便很难扭转。在撤销错误的投资决定时往往迟疑不决。

后视偏差：就像看后视镜一样，投资者在谈论过去的事情时，经常会过分夸大自己的成绩或者掩饰自己的错误。他们不喜欢承认错误。

在实际的投资之中，人的行为理念导致了如下几种普遍的行为特征：

追随大众：人更喜欢追随大众的意见进行投资，而不是按照自己的思维行事。追随大众可能会让个人感觉到一定的舒适感和安全感，这样赚了钱更好，不赚钱也不是自己一个人的失败。

损失延误：对于个人而言，损失的痛苦要比收益的幸福来得深刻。因此，人们面对股价下跌会非常难受。也正是因此，很多人不是把精力放在寻求收益上，而是放在规避风险上。

错误估计概率：人总是高估低概率的事件发生可能性，低估高概率事件发生的可能性。人本质上对概率含义的理解与我们在数学中对概率的理解不是一回事。

处置效应：投资者总会过早卖掉表现良好的股票，但又紧紧握着持续赔钱的股票不放手。

行为经济学的这些研究结果，在一定程度上能够解释那些完全不符合“理性人”假设的现象，也更与现实相契合。了解了这些理论，就不难明白，为什么我们自己或者其他多数的个人投资者老是做错误的选择。例如：错误地估计时间周期，过分看重短期结果；按名义上的数字而不是实际数字思考，陷入货币幻觉；对风险认识不足，忽略了资产配置的重要性；过高估计自己资产的多元化水平；最后但也可能是最重要的是，很少记得历史的教训，所以总是一次次地犯同样的错误。

应该承认，历史也是起到了一些作用的，一次次的泡沫破灭和金融危机，多多少少会给那些曾经参与其中的投资者一点点启示。例如，在最早的时候，人们也许并没有认识到资产多元配置的重要性，但如今，很多的个人投资者也知道了鸡蛋不能放在同一个篮子里。除此之外，随着投资全球化的发展，越来越多的投资者开始考虑在全球进行资产配置。

然而，知道鸡蛋不能放在同一个篮子里和鸡蛋到底应该如何放，是两个不同的问题。行为经济学的很多解释正视了人类的真实行为状况，从这一点上说，它是经济学的一大发展和进步，但是这门学科也同时明确指出，对于绝大多数人来说，人类的行为有限理性特征是无法自我克服的，这也意味着，在投资上，多数人其实非常难给自己选择一个最合适的方案。举个例子，就连资产组合理论的提出者马科维茨自己也说，他不知道该如何配置自己的退休金：“我本应该做得更好，但是我只是简单地将50%的资金投资于债券，将另外的50%投资于股票。”

对于人类这个固有的“毛病”，行为经济学家开出了自己的药方，那就是个人需要外力的推动。

个人需要“助推”，这就是2017年诺贝尔经济学奖得主理查德·塞勒的核心观点。理查德·塞勒是芝加哥大学布斯商学院的教授，多年来一直致力于行为经济学的研究和推广。在对2008年金融危机的分析中，塞勒指出，正是有限理性、缺乏自我控制以及从众效应加剧了那场起于房地产的投机泡沫。在这个投机过程之中，民众并没有掌握真正的信息，也没有经受住“低利率信贷”的诱惑，当然这一点也似乎正符合行为经济学的研究结论。但令塞勒感到遗憾的是，在整个过程中，竟然没有任何外力对这一明显的投机进程加以干预。如果有政府或者任何机构能够采取措施，对这一泡沫早点提出警告，或者早点推出应对措施，那么这场危机的危害也就不会有那么大。

在个人投资方面同样如此，既然个人无法确定最佳的投资比例，无法把握最好的投资时机，无法构建一个理想的投资组合，不知道该不该投资自己公司的股票，那么，他就需要一定的外力来协助解决这个问题，而给予这种助推外力的，可能是政府的相关机构，可能是社会组织，也可能是市场化的财富管理机构——当然，在人工智能的时代，还可能是一个专门从事资产配置的机器人。

财富管理：从特权走向普惠

当我们提到个人投资者在面对机器竞争及自身不利因素应当寻求外力协助来解决投资问题时，就会涉及资产该如何配置和管理的问题。

资产的管理自古有之，只不过在古代，投资行为可以说专属于富人或者权力阶层所独有。早在古代的美索不达米亚平原，地主就开始把大量的土地出租出去交给农民耕种，并且会雇佣监工来负责相关的事宜。在古代中国，随着城市的发展，许多地主甚至直接搬到城镇居住，然后把农村的土地交给别人打理，他们则坐享其成。

随着资本主义的发展，投资也随之开始走向“民主化”。股份制等现代企业组织的出现促进了一种前所未有的变化，早期的航海活动便是这样的例子：一艘船由几个到几十个股东合伙出资，他们不需要亲自进行海上探险，但是通过康孟达这种劳资合伙经营的形式，就可以分享航海贸易的盈利。

南海泡沫、密西西比泡沫以及郁金香泡沫，都说明普通的民众已经参与到了投资之中。按照麦基的说法，当时参与投机的人包括“贵族、平民、农夫……甚至还有烟囱清洁工和洗衣服的女工”。

但个人投资者开始更多地进入投资领域，则要等到19世纪末20世纪初。当时，工业革命带来的经济进步使得民众的寿命和收入都有了增长，退休和养老的需求开始出现，为了年老而进行投资也逐渐成为一种需求。

20世纪初科技与经济的大发展，让普通民众逐渐相信参与股票市场投资是一种分享企业发展红利的良好方式。正如查尔斯·金德尔伯格所提到的“合成谬误”，这一看起来非常理性的观念最终导致了一场大众的狂欢，并最终引发了20世纪上半叶最大的一次股票市场崩盘。

从20世纪50年代开始，普通投资者的资产配置思想开始发生变化。这一变化与共同基金与养老基金的崛起、国际资本市场的扩张以及马科维茨资产组合理论的提出同步发生。于是，多元化的资产配置也逐渐深入到普通个人投资者的理念之中。不过总体而言，这一时期的投资仍然较多地集中于股票和债券之中。

20世纪80年代之后，新自由主义和去监管带来的金融自由化风潮使得投资的范围进一步扩张，私募股权、房地产、风险投资甚至对冲基金等也逐渐开始受到投资者青睐。在此之前，房地产总体而言并非一直是受到大众关注的投资品，但从这一时期开始，房子的投资品属性逐渐得到放大。

但2000年的网络泡沫和之后的房地产泡沫，再一次让普通投资者受到了打击。此前追逐成长股、敢于承受风险的心态发生了变化，坚持多元化资产配置和有效控制风险的投资理念，再次进入普通个人投资者的视野。

而在最近的几年之中，不依赖基金经理干预的被动投资越来越受到青睐。由于 90% 的主动管理型基金的基金经理的表现都未能超越其追踪的指数表现，因此对于普通投资者而言，与其缴纳更多的管理服务费用养活那些基金经理，倒不如直接买被动基金省心省力。十几年前，美国人投入到被动管理型基金中的资金仅有资金总量的五分之一，但到如今，这一比例已经上升到三分之一。仅在 2017 年上半年，从主动管理型基金流入被动管理型基金的资金就达到近 5000 亿美元。在欧洲，被动投资的市场份额在过去十年翻了一番。这种趋势将会继续延续下去，预计在未来 5 年，全球被动投资的规模将超越主动投资。

与几千年之前乃至几十年前相比，个人投资者有了更多的选择，这是事情的光明一面。但事情的另外一面是，针对私人的财富管理服务，却似乎一直是富人的专利。

从远古的埃及、美索不达米亚以及中国的历史来看，最早的财富管理服务都只面向达官显贵。他们雇佣那些有一定专门知识或者了解投资真谛的人士来打理财产，并且向他们支付佣金或者其他类型的报酬。

在欧洲，从土地转向多样化的投资，最早出现在中世纪末期。这一时期的贵族阶层开始变卖土地，并且寻求专人负责财富的管理与增值等问题。最早的私人银行在这一时期诞生，而那些专为个别家族服务的“总管家”，则上承古罗马时期的“家族主管”，构建了家族办公室的最早雏形。

现代意义的家族办公室出现于 19 世纪。1838 年，约翰·摩根创办摩根财团，专门负责管理家族的资产。到了 19 世纪末，石油大王洛克菲勒正式设立了家族办公室，专门负责管理其庞大的资产。传统的家族办公室只负责一个家族的财产打理，其内容涉及投资、避税、慈善、信托以及法律事项等，其主要目标就是财产的保值增值与代际传承。但是，如今的家族办公室已经变得多样化。例如，洛克菲勒家族基金会如今已经变成了一个开放式的家族办公室，为多个富豪家族管理资产。

相比之下，私人银行服务的客户对象更为宽泛——家族办公室服务对象的净资产一般会在1亿美元以上，而私人银行客户的净资产可以低至几百万美金，甚至只要有25万美金也可以在私人银行开设账户。但即便如此，我们也知道，与零售银行相对的私人银行是为富裕阶层服务的。和家族办公室的功能相似，私人银行的主要职责也是为高净值客户提供财产保值增值以及财富传承等服务。

“财富管理”一词最早由高盛及摩根士丹利等机构率先使用，这个词既可以包含家族办公室及私人银行服务，也覆盖更为广泛的人群——例如那些流动净资本在10万～100万美元的新富阶层。针对这一阶层的财富管理服务主要集中于财富的保值增值，除此之外，家庭教育等事项也会涉及。与家族办公室和私人银行的服务相比，普通财富管理客户享受的服务要逊色一筹，但是他们仍然会有专人提供投资建议，有机会参与一些专属活动——当然，这一切的前提是要付出一定的费用。

高净值客户所享受的专属服务是基于财富水平的一种特权，反过来，这种特权所带来的是更好的资产保值增值服务。反映在结果上，那就是富人可以获得更为可观的投资回报。

很多学者的研究和数据都可以证实这一点。例如，《21世纪资本论》的作者、法国经济学家皮凯蒂在研究了福布斯的数据之后发现，世界上那些最富裕的人每年的资产增长率可达到6.8%，与此同时，全球平均的资产增长率只有2.1%。在皮凯蒂看来，最有钱的人总是能够把钱投资到回报率更高的地方，因此他们的平均资产收益率会长期高于整个社会的总体财富增长率。

这种规则看起来理所当然，然而其长期结果却令人担忧，那就是伴随着财富分配越来越不平等，整个社会会出现越来越严重的贫富差距现象。

根据世界不平等研究机构发布的《世界不平等报告2018》，自1980年以来，世界各地贫富差距增长显著，但增长速度不尽相同。在过去40年中，持续增加的收入差距和大规模的私有化运动致使财富不平均水平显著上升。拿美国来说，1980 年美国最富有的 1% 的成人占有 22% 的国民财富，而到了 2014 年，这一比例上升至 39%。就中国与俄罗斯来说，从 1995 年至 2015 年，最富裕的 1% 的人群所占国民财富的份额均翻了一番，分别从 15% 增长至 30% 和从 22% 增长至 43%。

但最大的问题是，贫富差距问题在最近 10 年并未显现出缩小之势，相反，自 2007 年以来，全球各个地区的贫富差距仍然在扩大。根据瑞士信贷《全球财富报告 2017》的数据，全球前 1% 的富人在 2000 年时掌握了全球 45.5% 的家庭财富，但是自 2007 年以来这一比例上升至 50.1%。

贫富差距的源头或许并不在于是否可以享有同等的财富管理服务，但很明显，普通投资者和高净值人群不同的资产管理水平势必会影响两者的投资结果。对于高净值人群而言，其投资团队都是由拥有充分经验的基金经理、律师以及财务人员等构成，其不菲的费用足以证明他们能够给客户带来相对合理的回报，这些专业人士会从全世界的资产之中为客户精挑细选优质的产品，他们会根据客户的需求打造个性化的财务规划，当然更为重要的是他们可以为高净值客户做好风险管理。但对于普通投资者而言，他们除了投资渠道比较贫乏之外，其投资的科学性也远远不及高净值客户，除此之外，他们还要承受更大的投资风险。

尽管我们说，相对于几千年前，投资已经走入了寻常百姓家，但是相对而言，普通个人投资者所掌握的投资渠道以及可以使用的投资工具仍然非常有限——在市场上，他们需要面对机构与机器算法；在资产配置方面，他们又远落后于高净值的投资者；除此之外，他们还受有限理性情绪的左右。

联合国曾经在 2005 提出“普惠金融”概念，按照这一概念，一个国家和社会应该尽可能以可负担的成本为有金融服务需求的社会各阶层和群体提供适当、有效的金融服务。从某种意义上来说，为普通个人投资者提供更好的投资建议和投资管理服务，以便让更多的人公平享有资本市场正常发展的成果，这本身也是一种普惠金融。

尽管我们清楚地了解，普通投资者和高净值投资者的投资管理水平差异就像财富差异本身一样难以消除，但是，如果能让机器算法、理财顾问以及理性的投资方法普惠大众，那么我们有理由相信，普通的个人也可以更好地享受到资本市场的发展成果。

因应这样的需求，在2008年金融危机发生之后，一种面向普通投资者的新型财富管理方式诞生了。这就是我们接下来要重点讲述的智能投顾。

智能投顾的诞生

智能投顾（Robo-advisor），又名机器人投顾，顾名思义就是利用人工智能或者类似技术，以非人工的方式为客户提供理财建议或者直接管理资产。作为一种新兴的在线财富管理服务，智能投顾可以根据个人投资者提供的风险承受水平、收益目标以及风格偏好等要求，运用一系列智能算法及投资组合优化等理论模型，为用户提供最终的投资参考，并根据市场的动态对资产配置再平衡提供建议。

我们今天所说的智能投顾，诞生于2008年金融危机爆发之时。在这一年，哥伦比亚大学的MBA毕业生乔纳森·斯坦恩（Jonathan Stein）和律师艾利·布罗尔曼（Eli Broverman）创立了Betterment公司，这家公司后来成了智能投顾的鼻祖。

智能投顾诞生于这样的一个特殊时刻，既是必然，也有巧合。

说其必然，当然是因为金融危机再一次让普通投资者遭受了沉重的打击，也进一步加深了对现有投资体系的失望情绪。在这样的情况下，一种新的能够满足普通投资者需求的投资方法，势必会在时代的需求之下悄然而生。这是历史的规律。

说其巧合，则是因为智能投顾本身并非一蹴而就的新商业模式。正如我们在前文中已经提到的，到了21世纪时，机器在投资上早已打败人类，只不过这种情况尚未涉及普通投资者而已。所有的技术都已经储备就绪并且在不断演进，机器投资对普通投资者的触达是早晚会出现的结果，但这一天最终发生在金融危机之时，也的确颇具偶然性。

其实，Betterment的诞生就像是人工智能的达特茅斯会议，它只是一种新事物开始受到瞩目的节点和标志，而并非新事物产生的源头。实际上，从20世纪90年代末开始，在线投顾就随着互联网的崛起发展起来了。在这一阶段，在线投资分析工具的技术水平和规模都开始提高，部分公司开始提供“在线投顾”服务，尤其是2005年美国允许证券自营商将投资分析工具直接交给投资者使用后，在线资产管理服务规模更是迅速扩大。

Wealthfront、Betterment以及Future Advisor等智能投顾公司的诞生和成长，标志着为客户直接提供各类机器人投顾工具成了一种独立的商业模式，而此后部分传统券商纷纷自行开发或通过并购涉足该领域，例如嘉信理财推出嘉信理财智能投资组合服务，Blackrock收购Future Advisor则意味着这一商业模式得到了整个金融行业的认可。在此之后，伴随着人工智能的进一步发展和运用，越来越多的创业企业和传统金融机构开始加入这一行列，智能投顾也因此变得更为成熟以及多样化。

智能投顾的诞生是多种因素综合作用的结果。首先当然是技术的演进。互联网的发展使得线上交易变得更为简便，而在线交易的便捷性也使得个人投资者开展投资的门槛大幅降低。云计算、大数据以及人工智能三大领域在最近10年快速发展，而这三方面也正是智能投顾的基石（见图5-1）。其中，云计算为智能优化资产配置提供了强大的计算能力，是发展智能投顾的基础设施；大数据和人工智能则是智能投顾的核心技术。基于用户行为数据精准描绘用户画像，基于机器学习等人工智能技术构建资产配置、交易优化等算法，基于金融大数据迭代提升算法有效性，这三方面技术构成了智能投顾平台的核心竞争力（见图 5-2）。

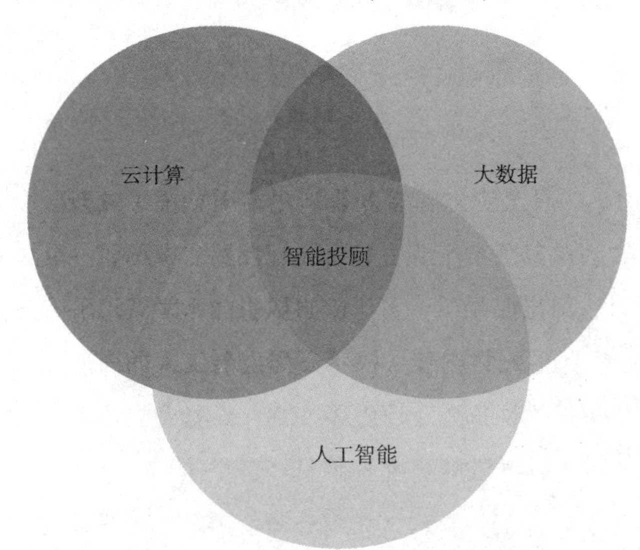

图 5-1　智能投顾的三大技术基石

其次，传统财富管理的缺陷为智能投顾的发展创造了机会和条件。

传统的财富管理有三大主要缺陷。

第一，收费标准高而模糊。传统的投资顾问由专人担任，一位有丰富经验的投资顾问，虽然愿意付出大量时间与精力给投资者提供财富管理服务，也向来收费不菲——在发达国家，投资顾问一般会收取基于管理规模 1% 的管理费作为酬劳，有的甚至更高。

第二，流程烦琐，时效性差。传统的财富管理公司需要大量时间与精力用于面对面与客户沟通，无论是标准化还是非标准化的流程都需要投资顾问通过与客户的沟通与交流才可以实现。目前，传统投资顾问从最初的市场营销、客户资料收集、风险评估、资产配置、配置再平衡、教育培训到客户账户报告等流程更多依赖人工进行操作。这些工作消耗了投资顾问的精力，限制了投资顾问服务客户的数量与质量。与此同时，客户也同样需要花费大量时间与精力来做沟通，复杂而烦琐的流程降低了客户整体的理财体验。

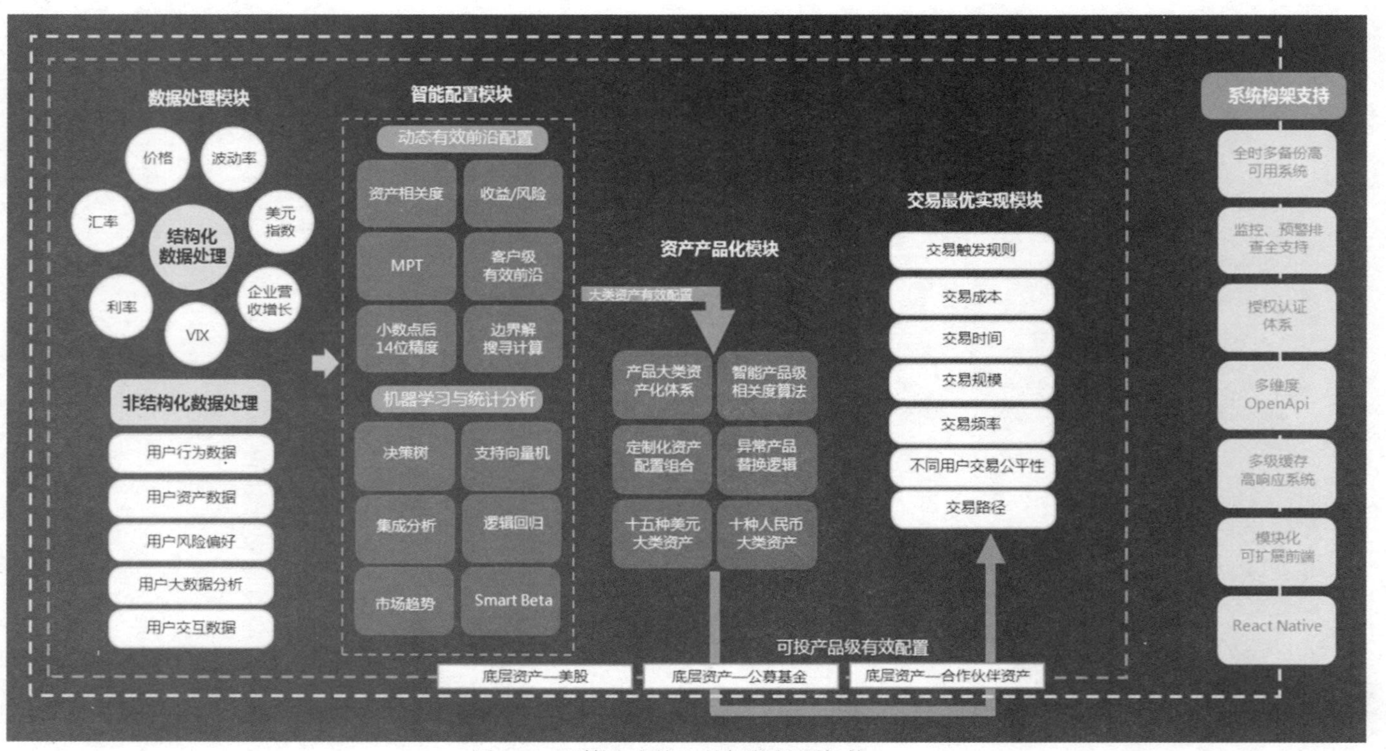

图 5-2　以算法为核心的智能投顾架构

来源：招商证券，璇玑

第三，投资门槛要求高，服务对象仅限于高净值群体。以资产规模来划分客户人群的门槛成了阶层以及富裕阶层获得理财服务的最大障碍。为数不多的投资顾问更多的是为富裕阶层提供财富管理服务，然而对于大多数人而言，财富管理费用太贵以及有限的服务范围和水平使他们不得不自行管理财富。而如果选择自行管理，无论是投资于股票、主动管理基金还是被动 ETF（Exchange Traded Funds，交易所交易基金），都需要用户花费大量时间与精力去筛选与跟踪，而且有可能偏离本身的理财方案。

被动投资的发展，是智能投顾崛起的另外一个有利条件。

自 20 世纪 70 年代出现第一只指数基金之后，被动投资就开始蓬勃发展。市场有效性的不断提高使得获取超越市场表现的 α 收益越来越难，传统上追求绝对收益的主动型基金也逐渐失去了往日的辉煌，与此同时，以 β 收益为核心的 ETF、FOF（Fund of Funds，基金中的基金）等被动型产品则迅速崛起，其表现也开始逐渐超越大多数主动基金。在过去 20 年间，被动投资基金的金额不断攀升，其在共同基金中的占比已经从 1995 年的 3% 上升到 2014 年的 16%。与此同时，美国的 ETF 基金也高速发展，截至 2015 年，美国的 ETF 基金数量超过了 1500 只，其管理的资金超过 2 万亿美元。这些基金覆盖了全球范围内的多种类型资产，从美国股票、其他发达国家股票、新兴市场股票、分红股票、房地产、自然资源，到美国政府债券、公司债券、新兴市场债券、市政债券以及通胀保值债券等，可谓琳琅满目，无所不包。

如此蓬勃发展的被动型投资市场，为智能投顾的发展提供了丰富的投资工具，也为其实现投资分散化、在降低风险的同时构建“聪明的 β”创造了充分条件。

客户人群的特征变化则是智能投顾得以发展的另外一个重要原因。从出生后不久就有互联网伴随的美国千禧一代，比上一代的投资者更乐于接受网上交易，同时也对机器服务有着更多的包容。

与此同时，这一批人也开始进入人生之中财富增长最快的时期，对资产配置的需求也达到了一个前所未有的高度。而这种需求，恰恰是传统的那种为富人提供的财富管理服务所不能满足的：他们可投资的资产大多数在10万美元以下，对高额的投资顾问费用更加敏感，再也无法容忍传统服务的烦琐与不透明。这种人口特征的变化，为智能投顾这种从机器思维出发的新型财富管理方式提供了一个千载难逢的历史机遇。

如果说技术的发展、现有服务的弊端、新一代客户的出现以及投资工具的多样性为智能投顾的出现做好了外部准备，那么智能投顾本身所具有的特性，则使得它能够很好地利用现有技术，适应时代的发展。

在智能投顾的诸多特性之中，以下几点最为突出：

低门槛：传统的私人银行理财起点多为100万美元以上，部分私人银行甚至将门槛设定到1000万美元，而家族办公室的门槛高达1亿美元。但大多数智能投顾平台对客户的最低资金要求都很低，有的平台甚至已经达到了1美元起投的地步。

低费率：相对于传统投顾最低管理资产1%以上的管理费率，智能投顾平台的最低管理费率已降至1‰。

易操作：智能投顾平台的投资流程相对标准和固定，投资者一般只需几个流程就可完成所有投资步骤，剩下的所有工作则全部由机器来承担，而人只需要关注最终收益即可。

高透明：相对于传统投顾，智能投顾的投资组合是完全向用户公开的，投资信息以及费用信息也完全透明。相比传统投顾，机器更能降低投资的道德风险。

分散化：智能投顾服务会根据现代组合理论按照其风险偏好和理财目标把客户资产分散到不同类别资产中。

个性化与场景化：智能投顾可以基于对数据的分析，针对不同客户制订个性化的最优方案。除此之外，基于用户需求的场景化也是智能投顾可以实现的功能。

长期投资：智能投顾追求的不是短期的涨跌回报，而是长期稳健的投资回报。

无情绪，不休息：人类投资顾问会生病，需要休息，也会有情绪波动，但是基于人工智能的智能投顾不会。在智能投顾平台，用户可以在任何时间段注册自己的专属账户、评测风险水平、建立投资计划，以及在投资策略执行后的任何时间段登录账户了解自己账户的浮动盈亏水平，甚至调整自己的策略组合。

24 小时风险监控：传统的财富管家无法眼观六路、耳听八方，但智能投顾可以实时监控全球资本市场以及风险事件，当遭遇影响力较大的非系统性风险时，算法会自动调整投资组合，降低投资风险。

正是内外各种因素的叠加，使得智能投顾行业在过去的几年之中呈现出井喷式发展。2010 年，全球的智能投顾所管理的资产还近乎为零，但截至 2015 年年中，美国智能投顾公司管理的资产规模就超过 210 亿美元。如今这一数字，更是在每天不断地刷新。世界知名的咨询公司 A. T. Kearney 预测，美国智能投顾行业的资产管理规模将从 2016 年的 3000 亿美元增长至 2020 年的 2. 2 万亿美元，年均复合增长率将达到 68%。

美国智能投顾的发展及模式

美国是智能投顾的诞生地，也是智能投顾发展最为迅速的国家。在过去的短短几年之中，智能投顾在美国崛起，并且逐步形成了一些固定的服务流程，建立了一套相对标准和可参考的发展体系。

根据美国金融监管局的标准，智能投顾服务包括：客户分析、大类资产配置、投资组合选择、交易执行、投资组合再平衡、税收规划、投资组合分析。

客户分析：在投资决策中，大部分投资机构的第一步是了解客户的风险偏好。然而在实践中，客户的风险偏好不是一成不变的。随着时间和市场的改变，客户的风险偏好在很大程度上会发生改变。因此，客户的风险偏好往往很难由一个统一的标准来测量。智能投顾服务已将其作为研究方向之一，期望建立一个动态的、覆盖多个影响因子的模型来测量客户的风险偏好。

大类资产配置：根据现代资产组合理论，在确定收益情况下是存在最优投资组合的。大多数智能投顾服务都利用此原理建立了分散的投资组合，并且依据其不同的商业模式做了优化。

投资组合选择：投资组合选择是依据前两步得出的进一步结论。客户分析是为了得出量化的风险偏好参数，资产配置是为了形成不同风险偏好的资产组合，组合选择是为了完成前两步的一一对应。在实践中，投资组合主要有两种类型，一种是由风险等级选择不同的投资组合，而另外一种是根据投资风格选择不同的投资组合。

交易执行：大多数智能投顾的交易执行在本质上没有区别，都是技术上的实现，都是利用自有的券商或合作券商提供顺畅的交易执行服务，没有其他更多的金融工具创新。

投资组合再平衡：组合再平衡主要是指随着市值的变化，如果资产投资配置偏离目标资产配置过大，投资组合再平衡可以实施动态资产配置向静态资产配置的重新调整（不是指资产配置的动态调整）。

税收规划：税收规划主要是针对美国市场的一项增值服务。虽然这不是智能投顾价值链的一项基础服务，但是在美国市场使用广泛。税收规划主要是指智能投顾分析应税收入的特征和结构，优化资产配置，使客户获得最多的税后投资收益。

投资组合分析：投资组合分析主要是指智能投顾为客户提供的投资分

析，一般包括业绩展示、业绩归因、风险因子分析、组合描述性统计分析以及回测和模拟等。而在传统的投资工具中，对客户而言最重要的业绩归因、风险因子分析往往都是缺失的。

云计算是智能投顾的基础设施，大数据和人工智能则是智能投顾的核心要素，前者主要负责收集与分析用户的风险偏好等行为数据，后者则根据数据匹配相应的算法，实现投资的个性化。一个典型的智能投顾大概包括的操作步骤可见图 5-3。

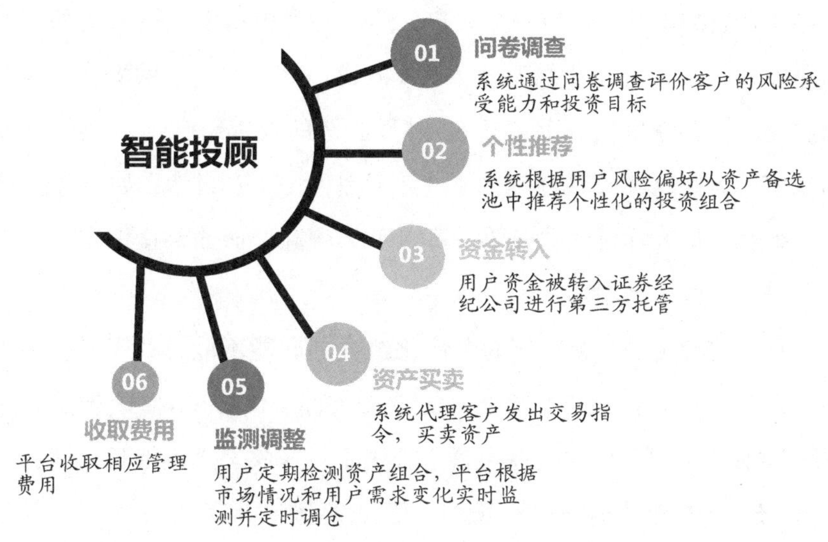

图 5-3　典型的智能投顾操作步骤

虽然在流程上相对标准化，但是由于美国在短短的数年中就涌现出超过 100 家的智能投顾创业企业，又加上传统财富管理积极参与其中，因此美国的智能投顾行业可以说是八仙过海各显神通，这也让美国的智能投顾在竞争激烈的同时呈现出百花齐放的特征。

Wealthfront、Betterment 等先发创业公司不断壮大，成为这一领域的领头羊，但是很多新兴的创业公司也不甘示弱，他们在投资理念、盈利模式方面各具特色。比如，在投资理念方面，有的智能投顾公司会把投资回报作为第一考虑的目标，有的公司则会更多地考虑投资者的偏好；而在盈利模式方面，Betterment 和 Wealthfront 会通过征收 0.1% ~0.3% 的理财咨询费营利，但是像传统的嘉信等公司就可以不征收管理费，而是通过推荐其自身 ETF 的方式来实现盈利。

举个例子：在硅谷，有一家叫作 OpenInvest 的智能投顾公司，其最大的亮点就在于它可以让投资者避开他们讨厌的股票。

这家从著名孵化器 YC 走出来的智能投顾创业公司具体是这样做的：首先你要在它的网站上注册一个账户，然后它会根据你支持（比如男女平等、同性恋）或反对（比如吸烟、森林砍伐、军工生产）的事项，以及你的风险偏好，自动生成一个包括 60 多只股票的投资组合（股票的选取会根据市值、板块以及波动性等因素，由算法生成）。当然，如果你觉得这个投资组合里还有你讨厌的股票，可以手动删除，而如果这里缺少你喜欢的股票，也可以手动添加。

但是，这种充满社会责任的个性化组合到底能不能赚钱呢？答案是肯定的，因为这背后有一套非常强大的算法支撑。OpenInvest 的创始人仅有 33 岁，却在大名鼎鼎的对冲基金桥水公司干过 8 年，尤其擅长构建交易与分析系统。2015 年他离开东部跑到硅谷，和另外一名前桥水员工合作创办了这家新公司。

和 OpenInvest 一样的个性化智能投顾公司还有很多，它们进一步满足了投资者在“投资以外”的个性化需求。当然，这一类公司的特点是规模较小，无法和那些大众化的智能投顾企业相提并论，在传统的金融大象面前，他们显得更像一群小小的蚂蚁。

智能投顾原本的客户对象是千禧一代，但是后来的创业公司开始把目光拓展到其他的特定群体。2017 年，美国的一位科技新贵马特·菲罗斯（Matt Fellowes）高调宣布要进军智能投顾领域，他成立的新公司叫作 United Income，是一家同时提供智能算法和人工投顾服务的企业——不过，这家公司的新颖之处并不在于“人工 + 智能”这个点，而在于它找到了新的客户群体和新的经营策略。仅仅在测试期间，这家新公司管理的资产就超过了 2 亿美元。

马特 · 菲罗斯年轻时是一名学霸，他读完了公共政策硕士之后又获得了政治学博士学位。毕业之后不久，他加入了大名鼎鼎的布鲁金斯学会，成了一名低收入家庭财务状况的研究人员。

在 2008 年，也就是金融危机发生那一年，菲罗斯从布鲁金斯辞职，创办了一个帮助普通人理财的公司 HelloWallet。这个公司的大致做法是让用户把自己的信用卡、银行账户以及养老金账户等都和 HelloWallet 绑定，然后由后者来监督用户的各项支出，帮助用户实现合理的消费和精明的理财。简而言之，HelloWallet 就是一个财务咨询软件。2014 年，他把自己的这家公司以 5000 多万美元的价格卖给了早期投资者之一晨星。

United Income 则是他在晨星做了一段首席创新官之后的新项目。和第一个针对在职雇员的项目不同，以算法为基础兼具人工咨询服务的 United Income 将目标人群转向了 50 岁以上的老年人。

按照菲罗斯自己的说法，之所以要锁定老年人，是因为之前几乎所有的智能投顾都没有重视老年人——他们更关注的是年轻一代，或者只是告诉他们要为养老做准备，但是那些马上要退休或者已经退休的人，反而被忽略了。但菲罗斯的看法是，随着人的寿命的增长，这些退休人群的理财需求也会越来越多。起码他们要关心两个问题：我到底还能活多久，以及我要为此如何理财。当然，老年人市场的资产规模非常庞大，因为在美国，老年人控制了全国 80% 的财富。

但全美国的金融机构显然都知道这些，而智能投顾在初期之所以无法染指老年市场，不是不想，而是实在太难。其实，美国的老年人和中国的老年人差不多，他们不太懂新科技，甚至对其也不信任。

对于这个问题，United Income 首先宣称他们有强大的数据以及一套非常适合老年人的算法。简单而言，就是他们的算法加入了更多的变量，例如身体健康情况、教育程度以及居住地理位置等。一般的模型对市场情况的模拟也就是几万种，但他们的算法模拟能做到百万、千万级别。

但算法还不是核心，United Income 的撒手锏是提出了一套针对老年人的理念：别的投顾服务无非是帮着你省钱、赚钱、利润最大化，但是 United Income 不是这样，他们除了帮着老年人理财之外，还打算让老年人更积极地“花钱”。

这个事其实是这样的：作为一个学者，菲罗斯通过一项 4 年的研究发现，和青年人相比，老年人明显对资本市场不够积极，理财态度偏向保守，这种现象背后的一个原因是老年人没有综合考虑自己的收入来源，并为之制订有效的策略。其实，很多老人在退休之后的收入来源可能比之前上班时更复杂，以前只有工资收入，但在退休之后，既有储蓄，又有社保甚至养老保险金等，但是老年人并没有把这笔钱算清楚，所以经常是“人死了，钱没花完”。因此，制订更为积极的投资策略和消费策略，就成了 United Income 所宣扬的特色之一。

United Income 用分层级的服务来实现帮助老年人赚钱和省钱的目标。比如，在最高层级的服务中，这家公司会安排专门的人工顾问为老年人提供理财建议，还会提供“礼宾服务”，帮着老年投资者收集、录入各项所需数据，当然，公司还会为老年人在二次就业、出门旅游、担当志愿者等方面提供建议和信息。这项服务看起来非常完美，但价格也不菲，以 30 万美元投资门槛测算，每位老年人的年费要达到 2400 美金（0.8%）。

还有一些智能投顾企业选择不直接面向 C 端投资者，而是改为面向机构端的技术型公司。与 OpenInvest 关注小众需求不同，他们的目标是通过这种方式来覆盖更多的人群和财富。

Addepar 就是这样的公司。在 2017 年年中时，这家公司融到了 1.4 亿美元，变成了一只新的硅谷独角兽，而这家公司管理的资产则超过了 6500

亿美元。

Addepar 抓住了全世界超级富豪对智能投顾的需求，并为此研发出一套系统，这套系统可以把富人所有的资产数据进行统一的收集和归拢，然后进一步做出分析。如今，有不少的家族办公室和私人银行开始使用这套系统。与一般的智能投顾有数以万计的客户不同，这家公司的客户仅有 200 个。

在美国，2008—2012 年可以视为智能投顾的初步发展期，在这一期间，智能投顾从无到有，这一独特的模式也经受住了考验，并且开始受到市场的关注。从 2014 年开始，传统的金融机构开始感受到这些创新企业所带来的挑战，从而正式涉足智能投顾，先锋、富达以及嘉信等几个行业老大纷纷放低姿态，深入到这一崭新的领域之中。

除了独立的研发，金融机构也开始通过合作和收购等方式涉足智能投顾。例如，2015 年 8 月，贝莱德收购机器人投顾初创公司 Future Advisor；2016 年 3 月，高盛收购线上退休账户理财平台 HonestDollar；富国基金与 Betterment 展开战略合作；此外，蒙特利尔银行和 TD Ameritrade 都在积极布局，行业开始呈现蓬勃发展，进入繁荣期。

随着智能投顾创业公司的不断涌现及其管理资产规模的增加，监管层对智能投顾监管方面的关注也在不断增长。而在对智能投顾的监管方面，美国也走在前列，是其他国家的榜样。

2016 年 3 月，美国金融业监管局出台了一份数字化投资顾问的创新监管指引。这份名为《数字化投资顾问使用指导意见》的文件提出了对智能投顾监管的三个重心：一是他们会关注数字化投资顾问工具所使用的算法；二是要关注对客户风险承受能力的评估；三是关注数字化投资顾问所构建的投资组合，以及这些组合是否会引发利益冲突。

这个指引既显示出美国的监管非常关注智能投顾，也体现出他们对这种新事物的包容。

2017 年初，美国证监会下的投资管理部就智能投顾应该如何行事这一问题，再次发出升级版指南，这份指南不但旁征博引，而且其内容竟然有 15 页之多。

该指南肯定了智能投顾的繁荣现状，并认为它可能极大地改变投顾行业的竞争图景。这份指南也注意到，虽然智能投顾最初时的目标人群是千禧一代，但实际上，它吸引的投资者年龄跨度远远超出最初的想象。

指南说，作为监管部门，美国证监会的投资管理部一直在密切监督智能投顾的发展情况，尤其是看它们的所作所为是否违反了美国的联邦法律。这里所说的法律，主要就是指著名的《1940 年投资顾问法》（The Investment Advisers Act of 1940）。虽然以前这部法律是监管人类投顾的，但证监会的意思非常清楚：无论是人类顾问还是机器顾问，都要受这部法律的约束。依照这部法律，美国证监会提出，智能投顾企业必须做好以下三个方面的工作：

（1）智能投顾企业必须对客户做详细的信息披露，以便让客户能够充分理解智能投顾的运行方式、潜在的利益冲突以及可能出现的风险。此外，企业也必须清楚界定自己的服务范围以及人在其中扮演的角色等。所有的这些信息披露必须是易于理解、清晰可见的，不能有误导性。

（2）智能投顾必须为客户提供合适的建议。美国证监会已经注意到，为了给客户提供合适的建议，智能投顾公司都使用问卷等形式收集客户在风险偏好、投资时限等方面的信息，但美国证监会提出，这类问卷的问题设置一定要充分，而且必须表达清晰。

不仅如此，因为不少智能投顾也允许投资者自己制订投资组合，所以美国证监会也提示，这些投资者的投资组合可能与问卷测试所获得的结果不同，智能投顾公司对此还要承担提示义务。

（3）智能投顾必须具备有效的合规规划，以确保所有的相关行为都符合法规的要求。

以上三点只是对这份 15 页的指南的简单概括，事实上，通过这份文件，美国证监会对智能投顾应该做什么、不应该做什么以及在哪些地方应该怎么做等问题都做出了非常详细的说明。

在同一时间，美国证监会还发布了一份投资者公告，以教育投资者如何认识和使用智能投顾。这份公告的内容包括向投资者讲解何为智能投顾、智能投顾如何利用客户信息提供投资决策、智能投顾如何收费等多种问题，细致的内容体现出了监管者的敬业精神。

技术发展浩浩荡荡，因此，最好的办法就是跟上潮流。作为监管者，美国证监会显然对此有充分的理解。美国证监会执行主席说："科技持续对金融服务行业带来深刻的改变与改进，因此评估其对美国市场的影响，以及为市场参与者提供详细的指导准则就变得非常重要。"

对于智能投顾的监管，美国的做法的确有很多可取之处。除了以上的各种指南和投资者教育，美国的投资顾问法还规定投资顾问必须在 SEC 等机构注册才能提供服务，这就意味着投资者可以从官方网站上查到这些智能投顾公司的背景信息。

智能投顾的弱点

机器可以有无数的优点，但也有不可克服的缺陷。这一点，我们在历史上已经有过无数次的领教。布莱克 – 斯科尔斯模型认为市场是完美的均衡，然而一场股灾就可以证实这一点的脆弱；诺贝尔经济学奖得主操刀的长期资本管理公司曾经以为自己可以用完美的模型来吸走那些微小的机会，但最后却导致了市场的大动荡；2008 年的对冲基金经理过分相信了机器的策略，结果在金融危机之中惨败。这些都是活生生的教训。

智能投顾没有复杂的模型，也不像高频交易那么可怕，但是也有自己的弱点。

首先是智能投顾的技术门槛并不高。智能投顾的投资思想来源于马科维茨的投资组合理论，这一理论诞生于20世纪50年代，虽然历久不衰，但是其策略也早已是市场的公开秘密。尽管各个公司的策略也会稍有不同，但是相对而言，这些策略基本上大同小异。

较低的进入门槛是独立智能投顾崛起的优势之一，然而，一旦传统巨头进入，这些原先的优势就不再明显。相对于初创公司，传统金融公司在资产配置优化等方面的经验更为丰富，加上规模效应，因此可以更好地控制成本，并且有更多的营利手段，而这些都是独立智能投顾公司所不具备的。

其次是智能投顾的技术应用尚未真正落地。从原理上来说，智能投顾可以很好地将大数据和人工智能相结合，前者可以更好地获得用户画像，为个性化的投资组合推荐创造条件，而后者则可以更为动态地构建投资组合，实现对账户的实时监管。但现实却并没有这样美妙。实际上，多数的智能投顾都只会提供几种针对不同场景的投资组合，这种投资组合与真正的千人千面的个性化需求还相差甚远。

从目前来看，智能投顾对数据的收集及利用尚不充分。例如，问卷调查仍然是对投资者进行风险偏好测评的最主要方式，但通过这种方式收集来的数据十分有限。此外，智能投顾也没有将其他的数据收集起来加以利用。

人工智能在智能投顾上的应用仍然不够深入。由于机器学习仍然是一件投入巨大且耗时耗力的事情，因此，将如此昂贵的技术用于低收费的智能投顾，看起来仍然是一件“得不偿失”的事情。西蒙斯之所以深度使用人工智能技术，是因为大奖章可以得到出色的绝对回报，但对于只追求β收益的智能投顾来说，人工智能的作用远没有得到发挥。

智能投顾的营利模式也是其不得不面对的一大问题。对于面向C端的智能投顾平台而言，只有用户数量达到一个相当的规模，才可以实现成本与收入的平衡。而要进一步获取利润，则必须在开源节流方面继续深化创新。在节流方面，智能投顾公司必须进一步提升运营水平，减少不必要的支出；提高技术能力，优化算法，降低相关的交易费用。而在开源方面，智能投顾公司则需要进一步扩展用户群体，尤其是那些有一定资产规模的用户群体。除此之外，他们还需要进一步增加产品的丰富度，提升服务的水平。当然，还有极为重要的一点是，这些公司必须进一步提升投资组合的收益率。

面对这样的情况，许多智能投顾公司也在求新求变，从商业模式上和营利方式上寻求突破，上面提到的几个创新公司都是这方面的代表。除此之外，作为智能投顾的鼻祖，Betterment 的蓬勃发展也非常有代表性。在它的身上，我们可以看到智能投顾这一模式的源头、发展路径以及未来可能的发展方向。

案例研究：Betterment

Betterment 是最早创立的智能投顾公司，也是迄今为止最大的独立智能投顾公司。截至 2017 年 10 月，Betterment 管理的资产超过了 90 亿美元，远远领先于其后的 Wealthfront 和 Personal Capital。

2008 年金融危机时，来自哥伦比亚大学的 MBA 毕业生乔纳森 · 斯坦恩和律师艾利 · 布罗尔曼创立了 Betterment 公司。2 年后，该公司在纽约 TechCrunch 大会上亮相，并借此获得了自己的种子用户。

由于智能投顾的理念十分简单，因此在初次亮相时，这家公司也收获了大量的质疑。一名知名的创业公司投资人就认为，这个所谓的机器人投资顾问看起来更像是一个玩具。

传统金融业的复杂程度早已超出了普通人的想象。那些设计精巧的模型和复杂的金融衍生品正是华尔街的金融家和宽客们精心炮制的创新之物。他们把那些复杂的产品销售给完全摸不到头脑的用户，并借此获得利润。这就是 2008 年金融危机之前，所有金融人士都在玩的游戏。

但是，金融危机让一切瞬间倒塌，那些复杂的金融创新成了导致灾难的罪魁祸首，并且遭到了舆论的讨伐。监管层对此也更加重视，不再过分强调所谓的金融创新。

但即便如此，人们形成的观念就是金融是复杂的，而且越来越复杂。人们甚至会有一种错觉，认为只要金融产品不够复杂，那就是不够好。

但斯坦恩并不这么认为，在他看来，存在的未必合理，更不用说即使在金融圈内，也有很多人认为金融就应该遵循 KISS 原则（Keep It Simple and Stupid）。

斯坦恩在大学学到的行为经济学和生物学知识给了他很大的启发。传统的经济学假设人类都是理性的，但是事实并非如此。斯坦恩发现，在涉及自己的钱的时候，人们往往不知道该如何处置，此外，人们的投资也受到情绪的左右，他们在股市最疯狂的时刻进入了市场，也经常在市场崩盘的时候把钱取出来。人类有时候很不理性。

此外，斯坦恩自己的教训也很深刻。他曾经有过几个股票账户，并试着自己去投资。虽然一度相信自己可以把握机遇，战胜市场，但结果却证明他的这种想法不过是过度自信的一种表现。他花费了大量的时间、交了很多的税，但最后却并没有得到比指数基金更高的收益。

这些经历让斯坦恩开始思考，是否可以有一个机器人管家，由它来负责投资的管理。这正是他创立 Betterment 的动力所在。

斯坦恩的室友肖恩·欧文（Sean Owen）帮了他很大的忙。欧文是谷歌的软件工程师，不但非常聪明，而且擅长写代码。欧文帮助斯坦恩搭设服务器，其他的工作则由斯坦恩来完成——市场营销、客户服务，甚至前端的代码也由斯坦恩一手包办。

在美国，与金融投资相关的商业活动都受到严格的监管，而这意味着斯坦恩在一开始就需要和监管机构打交道。这时候，他找到了之前就认识的朋友、毕业于纽约大学法学院的艾利·布罗尔曼，当时的布罗尔曼已经是一名证券律师，恰好对这方面的事项非常有经验。

但进入金融领域需要烦琐的手续，这也是为什么 Betterment 在 2008 年创立，直到 2010 年才面世的主要原因。在这两年之中，斯坦恩组建了相对完整的团队，准备了金融交易所需要的技术，同时也在为获得当局的批准做准备。

2010 年 5 月 26 日，Betterment 在 TechCrunch 大会上亮相，这次亮相相当成功，斯坦恩不但受到了媒体的关注，还在大会上收获了 400 名勇于第一个吃螃蟹的客户。

2010 年底，公司得到了 A 轮融资，此后进入了一段快速发展期。到 2011 年底，公司的客户超过了 1 万人，这使得公司进一步得到了风投的认可。到 2012 年，公司的主营业务大致成型。

Betterment 可以使用户的资金发挥最大价值。按照他们自己的估算，该公司的长期投资策略所获得的收益比一般投资者高出 2.66 个百分点（见图 5-4）。追踪指数基金的被动投资、对行为金融学的应用以及智能再平衡是该公司的主要策略，而该公司的智能技术则可以有效地帮助投资者降低税费，实现投资多元化并塑造用户更好的投资行为。

在最初的几年，像 Betterment 这样的公司可谓独领风骚。但是在 2014 年之后，随着传统金融机构也杀入了智能投顾这一市场，独立智能投顾公司开始感受到激烈的竞争。低费用、能减税等曾经是互联网公司的专利，但是传统金融机构的现有客户更多，资金实力更强，因此，从资产管理规模上，后者很快后来居上。2016 年之后，Betterment 的发展速度出现了放缓的趋势，其智能投顾资产管理规模也迅速被传统机构超越。截至 2017 年

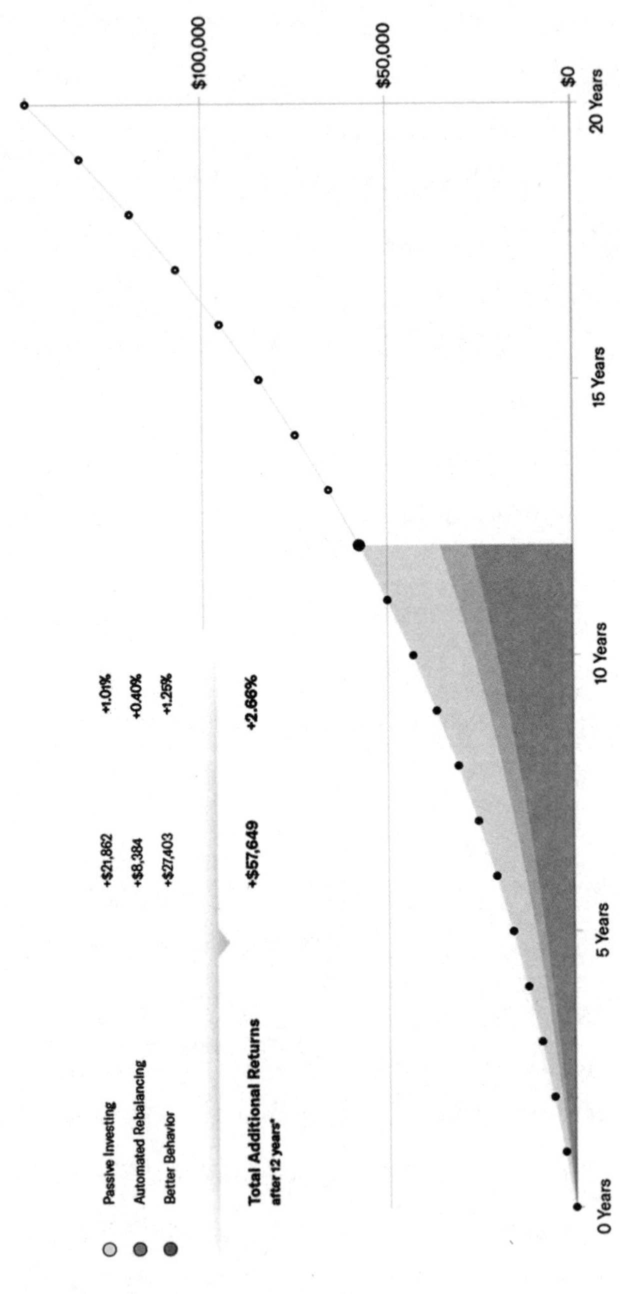

图 5-4　Betterment 宣称自己可以获得更好的收益

下半年，先锋集团的智能投顾管理资产已经超过800亿美元，已经接近Betterment的10倍。

在这样的背景之下，Betterment也开始谋求改变。2017年初，公司对外宣布增添两类投资顾问，但令人惊讶的是，这两类新的投资顾问竟然不是机器，而是人。不仅如此，Betterment还宣布，这两类顾问的实际级别还高于人——他们不但会负责更多的服务内容，而且有权调整机器算法为客户设计的资产配置策略。

斯坦恩对此的解释是，现在公司仍然是机器主导，而且永远是主力。但是他也承认，采用人工顾问是不得已的策略。

“随着我们的增长，我们的客户也越来越多，我们也开始收到一些有意思的客户反馈，他们说看过我们的网站，也认可我们做的事，但是他们觉得，还是需要有个人能和他们交流交流。”这位CEO对媒体这么解释。

Betterment此次推出的人工顾问服务，一个叫Plus，一个叫Premium。其中，Plus是为客户提供一年期的人工咨询服务，并且帮助客户监视账户，Premium则是终生咨询服务。与基本的机器理财服务相比，这两种服务的收费要高出一倍，而且对账户资金规模有要求——通俗点说，这些人工顾问服务的是更为富有的客户。

智能投顾鼻祖开始雇人管理投资，这听起来好像是对智能的一种讽刺。但是斯坦恩并不这么认为，他说，公司的核心是提供好的服务，至于这种服务是由机器还是人提供的，这些都不是关键问题。

确实，就像嘉信理财、富达以及Vanguard这些传统理财投资公司采用机器来补充人工服务一样，Betterment的做法只不过是殊途同归：理财服务公司最终的目标还是获得更多的客户，并且根据客户的需求提供相应的服务。当一个公司的客户越来越多，对客户分层、分级、分类，分而待之，显然也是一件很正常的事。

智能投顾的25种业务模式

随着智能投顾创业公司的增多，服务的差异化已经成为一项必然选择。那么，怎么才能做到服务差异化？最好的方法当然是对用户的需求进行调研，然后按需服务。除此之外，多了解一下现有的同类创业公司的业务模式，也是寻求差异化竞争的好方法。

下面简单介绍一下国外最火的25家智能投顾公司。我们对这些公司的商业模式进行了简单的梳理，并以图文的方式加以呈现，以飨读者。

1. Acorns

图5-5　Acorns 页面展示

Acorns是一个只提供APP服务的智能投顾。按照它的说法，在这里进行智能投资只需要3步。第一，输入你的个人信息，提供你的银行账户；第二，你自己不用管，Acorns会自动扫描你的账户，把你的零钱用于投资；第三步，你就可以看着自己的零钱赚钱了。

2. Asset Builder

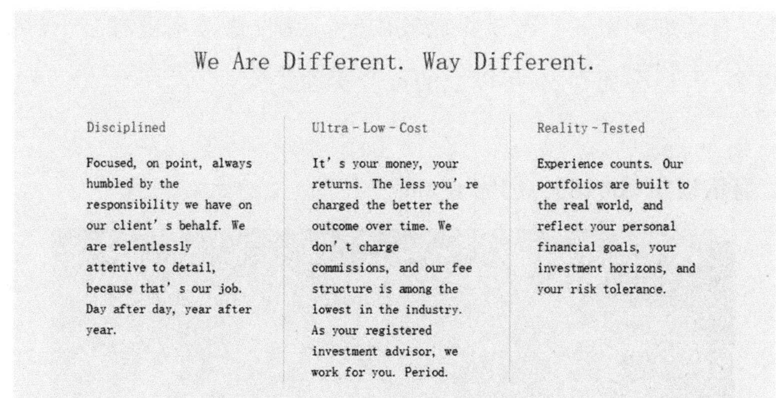

图 5-6　Asset Builder 的服务特性

Asset Builder 是一项适合长期投资者的智能投顾服务，它使用均值方差理论来创建投资组合，更能够抵御熊市的风险。

3. Betterment

Betterment 是我们熟知的智能投顾鼻祖之一。依据现代投资组合理论（风险最小化的同时收益最大化），其程序会自动将投资者的资金归于相应的投资组合。最近，Betterment 也引入了人工咨询，以提供更为多样化的服务。

4. Blooom

图 5-7　Blooom 页面展示

这家公司专注于定额退休金计划资金管理。Blooom 既有人工理财咨询，也有自动理财服务，覆盖面比较广泛，其收费体系也有多个层级。该公司在网站上自称拥有 30 年以上的资产管理经验。

5. 嘉信理财 Intelligent Portfolios

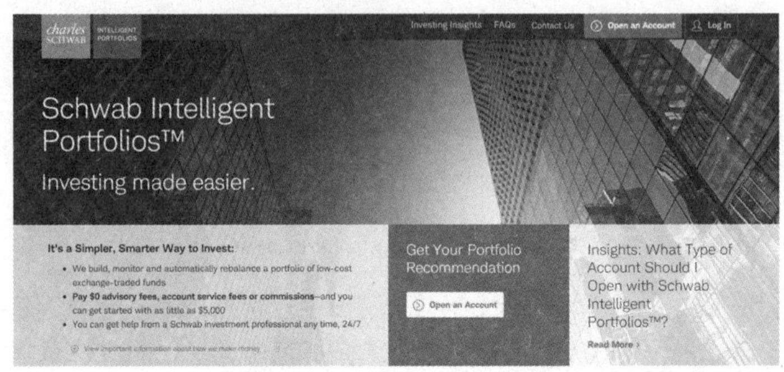

图 5-8　Intelligent Portfolios 页面展示

嘉信理财的 Intelligent Portfolios 以超过 50 只 ETF 为基础，自动构建投资组合。这些 ETF 基金主要是嘉信自己的投资产品，但也有第三方的产品。机器在构建组合时会优先选择费率低的 ETF。此外，Intelligent Portfolios 还有自己的技术平台和自主清算服务。Intelligent Portfolios 有投资门槛，最低为 5000 美元。

6. Ellevest

图 5-9　Ellevest 页面展示

顾名思义，Ellevest 是专门针对女性的智能投顾服务。据说因为女性的收入曲线、生命长度等与男性不同，所以需要专门的投顾服务。该网站号称可以弥补女性在投资上的特有缺陷。另外，该网站投资门槛低（0 门槛），收费也低。

7. E＊Trade Adaptive Portfolio

股票经纪公司 E＊Trade 在 2016 年 6 月推出了智能投顾 Adaptive Portfolio。该公司智能投顾服务的最大特色是：很多智能投顾只能投 ETF，他们则不仅可以投 ETF，还可以投资 ETF 与主动型基金的组合。E＊Trade 每天都会比较客户投资组合配置与目标配置之间的偏移参数，并在必要时调整配置。

8. Fidelity Go

2016 年有 3 个 Go：AlphaGo，PokemonGo，还有 Fidelity Go。Fidelity Go 是富达于 2016 年 8 月推出的吸引年轻一代的智能投顾服务，投资门槛只要 5000 美金，而且费用低。Fidelity Go 有一个人工服务团队，会根据对用户的问卷调查结果提供相关投资建议，但是这些建议不是强制性的，投资者可以自行决定。另外，Fidelity Go 不提供投资损失避税服务。

9. Financial Engines

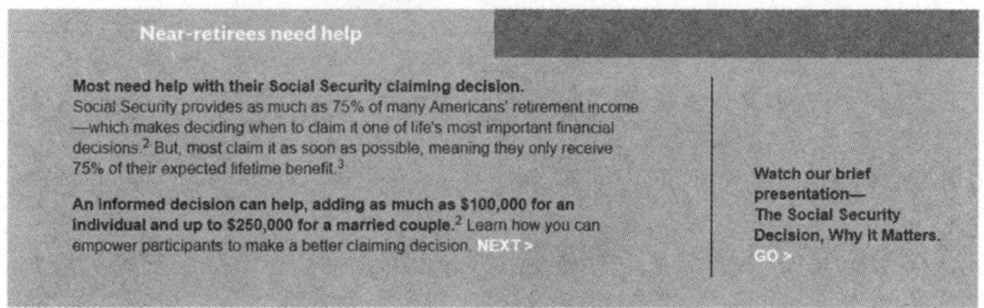

图 5-10　Financial Engines 页面展示

Financial Engines 专注于为企业雇员提供综合的投资建议和资金管理服务。该公司也是自动投资和人工投顾相结合的。

10. Financial Guard

图 5-11　Financial Guard 页面展示

Financial Guard 的主要特点是收取固定的服务费用而不是按照资产规模比例收费，因为它主要是为用户做投资的评估。另外，它也不用机器为客户调整投资组合，而是让客户自己调整。

11. Future Adviser

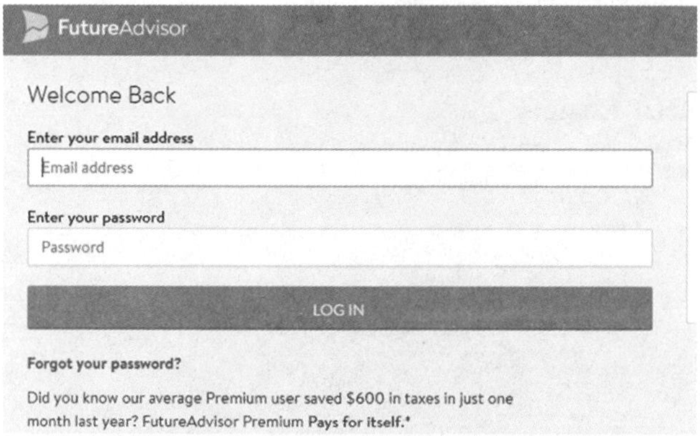

图 5-12　Future Adviser 页面展示

Future Adviser 是贝莱德收购的一家智能投顾公司，依据现代投资理论进行直接的投资管理。

12. Hedgeable

图 5-13　Hedgeable 页面展示

顾名思义，Hedgeable 提供的是更具有风险对冲性质的投资组合，因此该公司宣称自己适合那些更加成熟的投资客，可以让你虽然只有 1 元钱，却能享受百万富翁的投资感觉。他们投资的标的不仅包括传统的 ETF，还有私募股权、比特币、房地产以及大宗商品等投资品种。

13. LearnVest

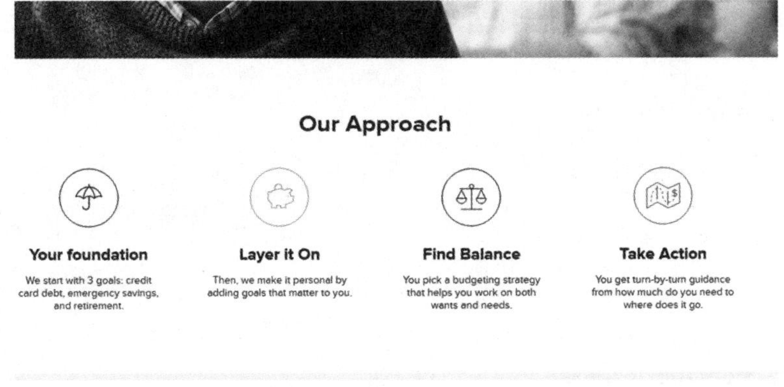

图 5-14　LearnVest 页面展示

这家网站最早主要是针对女性群体，不过现在已经更换了策略。该公司可以利用同步功能，把投资者的多个账户信息综合起来，然后为投资者提供分析服务。此外，从其名字中带有 learn（学习）可以看出，这家网站也提供投资者教育服务。

14. MarketRiders

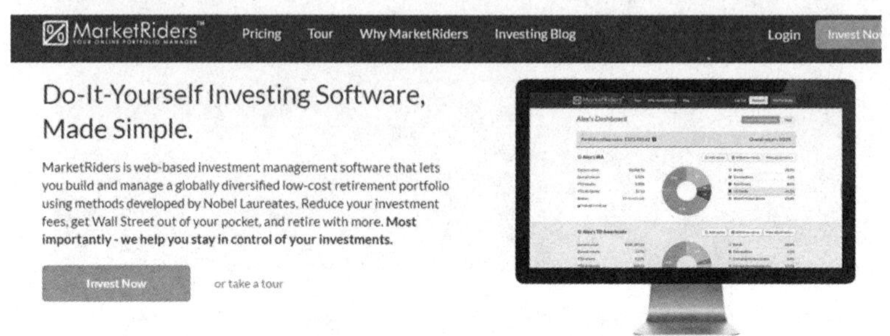

图 5-15　MarketRiders 页面展示

MarketRiders 主要针对的是 45 岁以上的中老年客户。他们声称希望这些客户不必受到华尔街的掌控（也就是不需要被收取太高的投资咨询费用），自己制订投资决策。他们主要也是依据现代投资组合理论提供决策。

15. Merrill Edge Guided Investing

美林证券公司推出的智能投顾平台，大平台 + 智能投顾的代表。

16. Motif Horizon

这家网站允许用户投资一篮子股票，而根据主题确定的这一篮子股票就叫作“motif”。这些股票组合完全可以个性定制，随意加减。在收费上，其最大的卖点是不收佣金，不收咨询费。

17. Personal Capital

Personal Capital 主要针对较为富裕、流动资产在 2.5 万至百万美元的人群。该网站为用户提供资产账户追踪，也提供人工投顾服务。

18. Rebalance IRA

图 5-16　Rebalance IRA 页面展示

这是 MarketRiders 的一项附属服务，同样专注于 45～65 岁之间人群的投资管理。他们对投资者的资产门槛要求较高（10 万美元），同时也提供专家级别的顾问服务。

19. SigFig

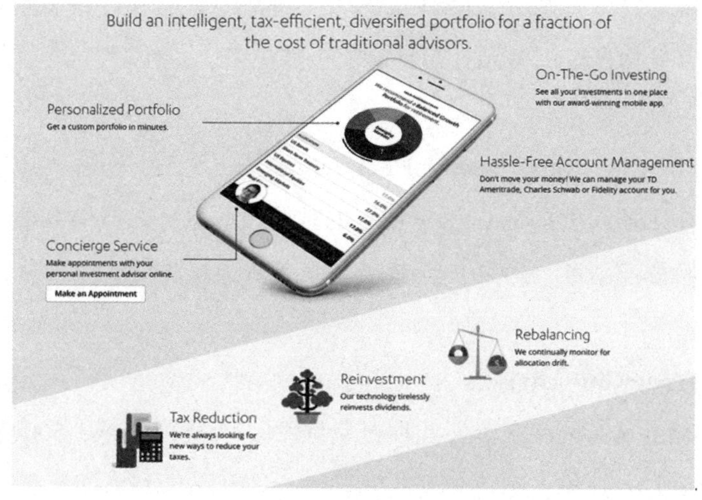

图 5-17　SigFig 页面展示

SigFig 是一个比较纯粹的智能投顾网站，它利用算法为投资者提供投资组合配置，此外，它还利用机器自动根据市场波动调整用户的投资组合，用户赚得的分红也会被机器自动用于再投资。它还会为用户考虑避税的问题。起投资金 2000 美元，投资 10000 美元以内免年费。

20. Stash

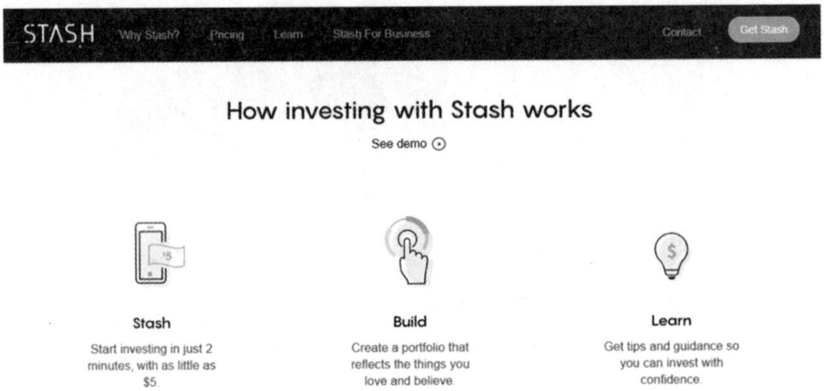

图 5-18　Stash 页面展示

Stash 为投资者提供定制的 ETF 投资组合，这些投资组合包括各种主题，比如社交媒体概念、绿色科技概念，甚至还有巴菲特概念。该服务 5 美元起投，月费低至 1 美元，而且前 3 个月免费。

21. TD Ameritrade Essential Portfolios

这是在线券商 TD Ameritrade 推出的智能投顾服务，提供自动的投资组合调整以及分配服务。5000 美元起投，服务费为 0.3%。

22. TradeKing Advisers

TradeKing Advisers 可接入各种投资账户，而且门槛低，500 美元起就可以享受他们的服务。无佣金或者交易费，只收取 0.25% 的年费。

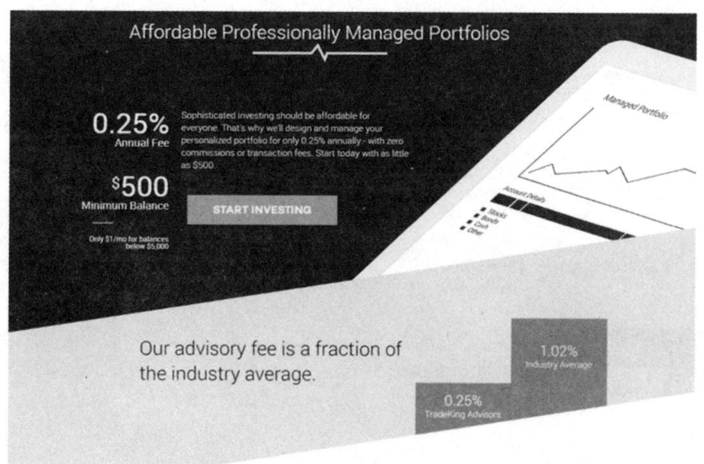

图 5-19　TradeKing Advisers 页面展示

23. Vanguard Personal Adviser Services

老牌资管公司先锋集团使用了最新的智能投顾为客户提供服务，这些服务的特点是人机结合。起投门槛比较高（5 万美元），但是费用也能做到比较低的水平（0.3%）。

24. Wealthfront

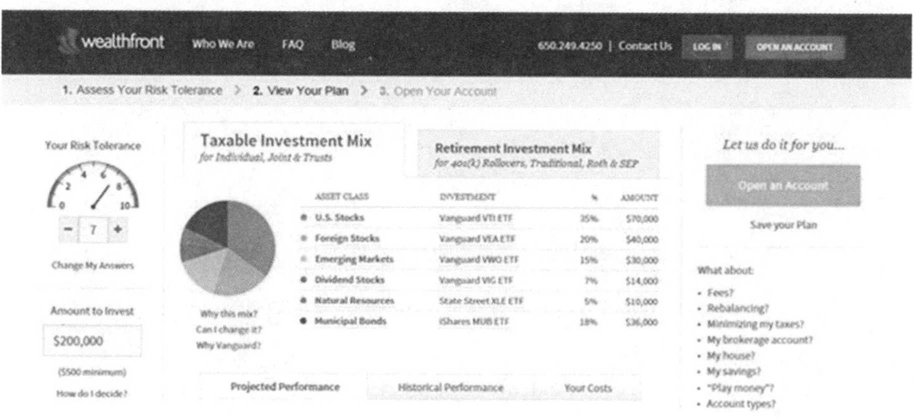

图 5-20　Wealthfront 页面展示

Wealthfront 是另外一家比较知名的智能投顾，它的收费在业内算是最低的之一，另外它也为客户提供避税策略。

25. WiseBanyan

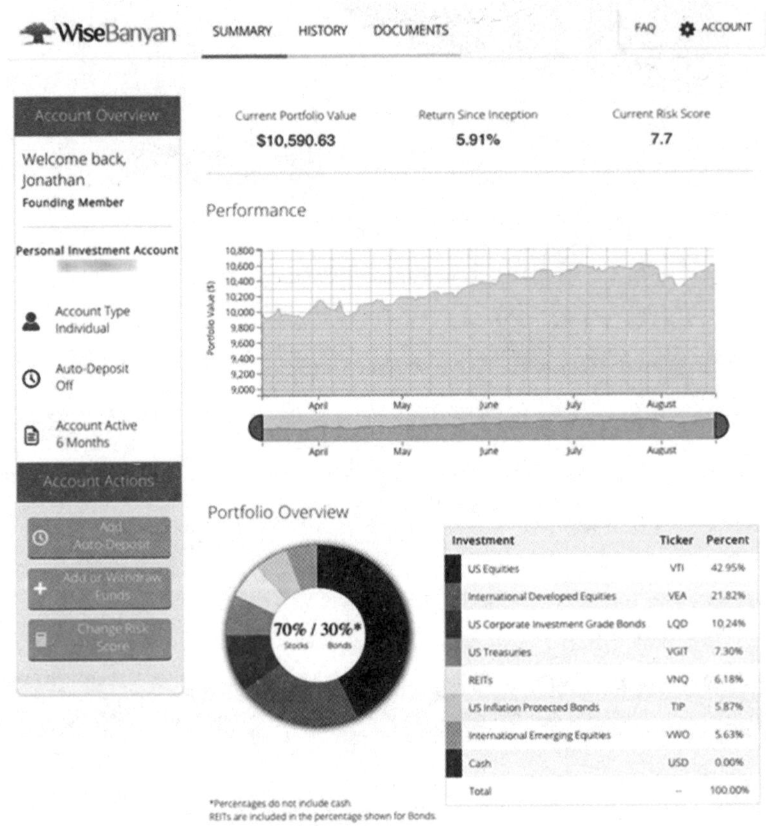

图 5-21 WiseBanyan 页面展示

WiseBanyan 自称是“世界上第一个免费财务顾问”，它不收取任何的账户管理费或者交易费用，也没有投资门槛限制，只对投资策略和选择性服务收取费用。

小结

这一章主要谈到了面向普通投资者的智能投资工具——智能投顾。智能投顾的发展是一种历史发展的结果，过去几十年尤其是近10年的技术储备、社会风潮变化以及学术的进展推动了这一结果的出现。

与面向高端客户的人工智能投资不同，智能投顾不追求绝对收益，相反，它更多地继承了指数基金、FOF等投资工具的传统，同时将其与大数据和人工智能进行了有机的结合。从某种角度来说，面向普通投资者的智能投顾，可以算是普惠金融的一部分。

美国是智能投顾的发源地，Betterment的发展历程则很好地诠释了这一新事物的发展历程。任何新事物的出现都有其必然性，但这种必然性并不能保证它可以顺利地走下去。智能投顾在过去几年中的发展颇为顺利，但是也有其必须面对的问题。

智能投顾的最大特征是简洁。这种特质与2008年金融危机之前的主流金融发展有着天壤之别。从这一角度来说，智能投顾是对过去几十年投资方法的一种反叛。但这种反叛在未来会如何发展，还需要进一步观察。

监管者的态度也是一个值得关注的角度。相对于那些复杂的金融衍生品，智能投顾看起来似乎更易于管理。或许也正是因此，美国监管者对此的态度仍然十分开明。这在一定程度上推动了智能投顾向前发展。

| 第六章 |
中国的智能投顾

概述

自 2015 年以来，智能投顾以黑马之姿态，在中国金融创新市场迅速发展扩张。进入 2017 年，智能投顾行业更进一步在中国落地生根，并呈现扩散发展之态势。

相对于美国，国内的智能投顾发展略晚，但是在 2015 年之后，智能投顾领域的创业公司及服务陆续涌现。由于国情与发展阶段不同，中国的智能投顾在短暂的发展过程中，呈现出一些不同的特点，甚至有不少创新可谓“别出心裁”。

随着传统的互联网金融浪潮开始退去，智能投顾成为众多以金融科技（Fintech）为导向的金融机构及创业企业所关注的焦点，更多的创业者涌入这一领域，传统的金融机构开始试水，P2P 等互联网金融公司也开始向这一方向转型。在 2016 年最后的几个月，中国的智能投顾公司数量几乎以每月 10 家的速度增长，而截至 2017 年年底，中国拥有智能投顾概念的公司，保守估计已经超过 50 家。权威在线统计数据门户 Statista 的数据显示，截至 2017 年，中国智能投顾公司管理的资产超过 288 亿美元，其年增长率高达 87.3%。

与美国的先行者和同行相比，中国智能投顾行业的发展既有相同之处，也有不少区别。

概括而言，中美两国都对智能投顾的发展抱有乐观期望，越来越多的企业都开始关注并加入到这一行业；智能投顾管理的资金规模都出现了大幅的增长；对智能投顾发展前景的讨论越来越热烈。众多报告都支持智能投顾将取得爆发式增长的观点。例如，正如前文的预测所指出的，到 2020 年，美国智能投顾行业的资产管理规模将达到 2.2 万亿美元，届时中国智能投顾市场的规模也将达到 5 万亿人民币。

但除了这些共同点之外，两国的智能投顾行业都面临着不同的发展瓶颈：中国的公司除了面对市场的竞争考验，也要承担相应的政策风险，而美国的监管相对走在前列；美国的智能投顾发展更多地受困于机器与人工服务的差异化，而中国的智能投顾发展目前最大的瓶颈仍在于投资产品单一以及无法在成本及收益方面表现出足够的竞争力；此外，正如宜信 CEO 唐宁所言，中美两国投资者的理念差异也成为中美智能投顾发展的主要区别所在：与欧美国家的普通投资者相比，资产配置理念尚未被多数中国投资者广泛接受。

国内智能投顾的发展状况

自 2015 年以来，国内的智能投顾参与主体与日俱增，并且形成了创业公司、传统金融机构以及互联网金融三足鼎立的市场格局。除此之外，一些其他的金融服务类公司也开始涉足智能投顾服务。

智能投顾在中国的出现也有其必然因素。

首先，这是由中国的时代大背景所决定的。在智能投顾之前，中国出现了第一波互联网金融热潮，移动支付和在线理财正是在这一波热潮中得到了普及，个人投资者在线投资理财的习惯也在这一波热潮中培养起来。

与此同时，中国人的财富也在过去的几年中持续增长。可投资资金大幅增加，为各种类型的资管产品带来了发展机遇，从公募基金到私募基金，从 VC 到 PE，中国的投资者在几年之中所接触到的资管产品种类，可以说超出了过去几十年的总和。

虽然中国人的可投资财富已经达到了一个百万亿级别的天文数字，但是与美国等国家不同，中国的证券投资主体之中，散户仍然占很大一部分。不过，由于在 2015 年的股市中损失重大，越来越多的民众也逐渐认识到，进行合理的资产配置、降低投资风险理应成为家庭理财的一项重要内容。他们渴望得到合理配置资产的方式方法。

“80 后”“90 后”的崛起则为智能投顾提供了另外一批潜在的支持者。和美国的千禧一代一样，中国的年轻人对新的投资理财方式更为敏感，接受能力也相对更强。随着这批人开始进入工作年龄、组建家庭等，他们对理财的需求也开始深化，简单的余额宝等货币基金已经无法满足他们，获取新的理财投资工具也因此成为一种潜在的刚需。

人工智能和大数据技术的崛起响应了这一系列的潜在需求。自移动互联网开始，中国无论在技术推进还是在商业模式创新等方面，都开始赶超美国，到了人工智能和大数据时代，中国更是与美国齐头并进。这些客观条件使得中国的创业公司或者金融企业很容易利用先进技术来满足新的需求。

理财魔方、蓝海智投等创业公司是最早一批进入智能投顾服务领域的中国企业。这些公司大多成立于 2014 或 2015 年，几乎与智能投顾在美国的兴起时间一致。在短短的两年之中，这些公司大部分都开始站稳脚跟，并且继续在这一领域寻求突破——无论是在模型改进、提升用户使用体验还是在增加市场曝光等方面，这些创业公司都走在最前面。

不过，进入2017年之后，新创立的独立智能投顾公司开始减少，能引起关注的更是寥寥无几。这一点，从2017年的融资数据上也可以窥得一二：

2017年3月，帮助B端客户构建机器人智能投资顾问平台的魔活儿获得约400万元人民币（估）融资；

2017年3月15日，弥财获得Pre-A轮融资，数额未公布；

2017年3月，聚财猫获得1亿元人民币A轮融资，部分资金用于完善智能投顾系统；

2017年4月11日，理财魔方完成2000万元人民币Pre-A轮融资；

2017年5月2日，飞蝉智投宣布获得千万级天使轮融资。

相比之下，传统金融机构进军智能投顾领域，成为2017年这一领域最为亮眼的特征。

银行：银行业持续进入智能投顾领域。2016年12月，招商银行推出摩羯智投，成为银行业第一个吃智能投顾螃蟹的机构。2017年，陆续有更多的银行加入：上半年，兴业银行的智能投顾上线，与此同时，交通银行、华瑞银行等也开始推出智能投顾服务；2017年11月，工行宣布上线"AI投"。招行摩羯智投的规模在2017年10月底突破80亿元。

基金：公募基金开始关注智能投顾。除了坐拥3亿用户的天弘基金之外，南方基金、广发基金、汇添富基金等大型公募机构也在布局智能投顾。2017年年中，华夏基金与微软签订战略合作协议，发力人工智能投顾。

保险：保险系资金也开始涉足智能投顾。2017年6月，安邦保险集团旗下综合金融平台安邦金融宣布，与璇玑智投展开战略合作，双方将联合开发数字化金融服务"安邦金融 & 璇玑智能投顾平台"，并在金融安全和人工智能等领域展开深入合作。

券商：在券商领域，广发证券的贝塔牛、长江证券的阿凡达狗都是先行者。此外，平安证券、东吴证券等也都相继上线了智能投顾产品。

互联网金融公司新增或转型智能投顾服务是2017年上半年的另一道风景线。

从2017年上半年开始，伴随着国内互联网金融监管政策趋严的压力，不少传统互联网金融企业开始寻求向以大数据和人工智能为代表的金融科技方向转型，而智能投顾也因此成为不少相关企业押宝的方向之一。

例如，铜板街就在上半年宣称，将投资2000元万打造独立的智能投顾体系。宜信财富旗下的“投米RA”则进一步将智能投顾组合从海外扩展至国内。诺亚财富旗下子公司财富派开发“诺亚智能组合1号”，开始介入智能投顾。就连国美金融这些互联网金融的后期参与者，也纷纷打出智能投顾的旗号。

除此之外，一些其他类型的金融服务机构也纷纷宣布进军智能投顾。例如，作为中国领先的金融软件和网络服务供应商的恒生电子以及传统上被视为金融资讯服务商的金融界，都推出了类似的智能投顾服务。

虽然智能投顾在中国如火如荼，但快速发展难以掩盖其背后的隐忧。我们甚至必须承认，如果以下4个问题解决不好、解决不到位，那么智能投顾本身的命运可能会和互联网金融一样，面临着重大的不确定性。

1. 伪智能投顾

智能投顾的持续快速发展，注定意味着市场面临鱼龙混杂的局面。按照严格的智能投顾定义，智能投顾必须是自动化的，必须是算法驱动的。这是因为从智能投顾的起源初衷上看，之所以要强调自动化和算法，就是基于机器理性可以战胜人类行为非理性的假设。而从结果上看，凡是智能投顾，其为用户提供的投资建议必须是个性化、千人千面的。

目前市场上的很多技术驱动型创业公司，的确严格遵循了这样的初衷，其差距无非是在于算法的成熟度和个性化的水平上。但是，除此之外，市场上很多打着智能投顾旗号的公司，其实很多都是伪智能投顾、假智能投顾。

举个例子，很多基金公司的所谓智能投顾，就是将自己家的几只基金，根据其投资标的的风险程度，大概分成几等，然后推给投资者。这绝对不是我们所定义的智能投顾，因为它不符合智能投顾的定义。

伪智能投顾的本质仍然是基金（或者其他投资类别产品）的营销行为，其本质无非是打着智能投顾的旗号销售投资产品。

2. 政策风向

即便智能投顾企业能够真正实现算法驱动，但在目前的条件之下，仍面临着政策风险。这种风险在2016年以及2017年上半年已经有所体现，而其核心就是可能会被列入证监会所不允许的无牌照基金代销行为。

2016年8月，证监会曾就智能投顾表态：未经证监会注册，擅自从事公募证券投资基金销售业务的，证监会将依法对相关机构和人员进行处罚。一旦发现互联网平台未经注册、以智能投顾等名义擅自开展公募证券投资基金销售活动的，将依法予以查处。而在2017年4月，一则《山西证监局称智能投顾售基金违规》的新闻，更是直接吓坏了一大批正在智能投顾道路上奋斗的创业公司，因为这篇文章不但指出目前智能投顾涉嫌无牌照基金代销这一痛点，更是直接点了两家智能投顾企业的名——理财魔方和拿铁财经。

截至2017年，包括理财魔方在内的很多智能投顾仍然没有拿到基金代销牌照，他们多数都是通过与有基金代销牌照公司合作的形式开展业务。虽然各家公司都强调自己已经实现了合规，但是不得不说，这种处于灰色地带的行事方法，仍然面临诸多不确定性。

监管层迄今为止对智能投顾最为明确的一次表态是在2017年末。2017

年 11 月，人民银行会同原银监会、原保监会、证监会、外汇管理局等部门起草了《关于规范金融机构资产管理业务的指导意见（征求意见稿）》。《指导意见》指出，金融机构运用人工智能技术、采用机器人投资顾问开展资产管理业务应当经金融监督管理部门许可，取得相应的投资顾问资质，充分披露信息，报备智能投顾模型的主要参数以及资产配置的主要逻辑。而金融机构运用智能投顾开展资产管理业务应当严格遵守本意见有关投资者适当性、投资范围、信息披露、风险隔离等一般性规定，并根据智能投顾的业务特点建立合理的投资策略和算法模型，充分提示智能投顾算法的固有缺陷和使用风险，为投资者单设智能投顾账户，明晰交易流程，强化留痕管理，严格监控智能投顾的交易头寸、风险限额、交易种类、价格权限等。

尽管相关细则尚不清晰，但是，智能投顾显然已经开始引起监管层的注意，而对于政策风向如何变化，相关行业仍需继续留意。

3. 产品风险

在过去的 2017 年，智能投顾的产品风险集中表现在海外资产配置方面。由于 2016 年人民币出现贬值，因此，不少的智能投顾都将资产配置重心放到了海外（还有不少的智能投顾只做海外资产配置）。然而，这种本身并不科学的资产配置方式却在 2017 年上半年导致了不小的产品风险。

2016 年最后一天，央行对各大银行下发最新指示，明确要求普通居民购汇必须进行申报，并且强调个人购汇不得用于境外买房、证券投资、购买人寿保险和投资性返还分红类保险等尚未开放的资本项目。在整个 2017 年，这样的政策使得很多不符合现有规范的海外投资受到了较为严格的监控，而很多本身就行走在灰色地带的海外资产配置产品，不得不彻底下架。无论对于相关的投资者还是智能投顾公司来说，这都构成了一种重要的产品风险。

单纯押宝于某个国家的资产或者某项资产，都不是理智的资产配置行为，不符合智能投顾的根本理念，但是在实际中，某些智能投顾企业仍有可能为了制造概念或者吸引用户而采取此类具有产品风险的策略。

4. 虚假宣传与诱导客户

虚假宣传与诱导客户也是2017年上半年比较突出的一个问题。

举例而言，某智能投顾企业宣称自己的算法遵循了某诺奖得主的理念，是零风险的投资方式，这就涉嫌虚假宣传。我们知道，没有哪种投资方式是零风险的。智能投顾只能降低风险，绝不可能消除风险。

虚假宣传的另外一个例子是片面强调自己的收益率。例如，某智能投顾企业为了强调自己的智能组合可以跑赢市场，在不同的时刻会拿不同的指数作为基准进行对比。

诱导客户是存在的另外一个问题。例如，京东“智投”就曾经涉嫌诱导客户购买风险更高的基金。

以上4个方面，是2017年上半年国内智能投顾市场发展中的突出问题所在。如果用一句话来描述这几个问题的本质，那就是它们都显示出不少国内智能投顾企业是把智能投顾作为一种理财产品的销售手段，而不是真正以用户为中心。

新趋势与新挑战

尽管智能投顾在过去的几年中得到了快速发展，但是与其他资产管理模式相比，智能投顾仍然面临诸多发展难题。在这些难题之中，有一些是暂时的（例如上面提到国家对海外投资的暂时性限制），但更多的问题却是长期性的。

首先是中国投资者对智能投顾的接受度问题。尽管有更多的人开始接触到智能投顾，但是在短时期内，中国的大多数个人投资者显然仍愿意相信自己而非机器——尽管这正是本书最为反对和批评的一种观念。中国的市场有着较为特殊的结构，中国投资者的心理结构则和其他国家的人没有什么两样——他们都总是过高地估计自己，过度地以为自己对市场有着正确的理解和把握能力。与此同时，我们也总是对机器保持着一种敌意：尽管汽车跑得比我们快，机器的计算能力早已超过了我们，但仍有太多的人相信自己可以战胜机器，战胜市场。

从美国的发展历史看，散户逐步退出市场，然后由机构投资者接管投资，这一过程大概花了四五十年的时间（从 1929 年股市崩溃到 20 世纪七八十年代指数基金兴起）。但中国的资本市场本身才只有不到 30 年的发展历程，因此，智能投顾在中国的发展，相对于被动投资更为普及的美国，可能要更为困难。

其次是中国资本市场的结构问题。我们在谈到美国智能投顾得以发展的原因时曾经提到，发达的被动投资市场规模是这一新兴资产管理工具能够得以实践的重要原因。美国有上千只指数基金和 ETF，这些基金为智能投顾构建投资组合提供了有利的条件。

然而，中国的指数基金无论是在数量还是规模上仍然无法与美国相提并论。比如，美国是机构投资者占主导而中国仍有大量散户，中国机构投资者也仍然钟情于主动投资，被动投资发展相对落后。

这种情况导致了中国的智能投顾其实已经完全不同于在美国诞生的最初意义上的智能投顾——与美国智能投顾组合多配置指数基金等不同，中国的智能投顾配置更多的其实是各类主动型基金。众所周知，智能投顾之所以要选择投资指数基金，是因为被动基金的收费更低，因此可以更好地为投资者节约成本，进而提升收益。但中国市场的智能投顾却完全不具有这一优势，这也使得很多公司的智能投顾组合，光是网站调仓和再平衡就会消耗大量的成本。

最为影响智能投顾在中国发展的是其收益率问题。中国的金融市场在缓慢的转型之中，刚性兑付被打破，收益率的市场化趋势也越来越明显，这些都是有利于智能投顾长期发展的条件。然而，从短期看来，智能投顾所带来的收益率仍没有足够的吸引力。尽管中国的理财产品市场和 P2P 市场在衰退，但 2017 年的平均收益仍可以达到 7% ~ 8%。与此同时，智能投顾的收益率却十分尴尬。根据金融界网站每月推出的中国智能投顾行业发展月报，国内几只典型智能投顾产品的收益一直与上证指数不相上下——但在整个 2017 年，上证指数的涨幅只有 6.56%（见图 6-1）。

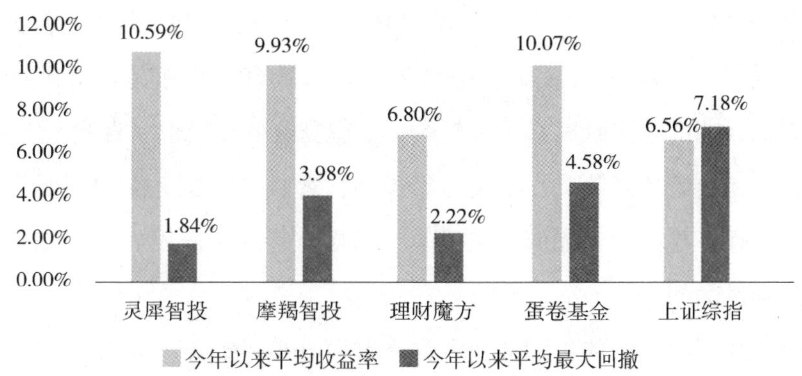

图 6-1　中国智能投顾 2017 年平均收益率对比

来源：灵犀智投（仅有部分参考意义）

长期虽然无限光明，但短期的困境的确给智能投顾创业企业带来了不少压力，它们不仅要面对舆论和普通投资者的质疑，也要承受长期无法实现盈利的痛苦。面对这样的困境，一些企业开始探寻新的发展方向和模式。

1. 从 To C 到 To B

“现在，传统金融机构和金融科技结合的力量非常大，国内还有很多平台在做 To C 的服务，但从现阶段来讲，我们认为对机构（To B）营利模式成功的可能性还是更大一些。”这是璇玑的 CEO 郑毓栋在一次公开场合接受采访时的表态。2017 年上半年，这家在国内较早涉足智能投顾的企业宣布与安邦保险集团旗下综合金融平台安邦金融合作。

从 To C 向 To B 的转变，是 2017 年智能投顾初创企业商业模式上的一个重要变化。目前不少没有牌照的智能投顾公司都开始走上了曲线救国的道路，即先向有牌照的金融机构提供智能投顾解决方案，然后由后者面向个人投资者开展业务。

向 To B 的转变有两个重要原因。

首先是生存现状的问题。目前市场上的几家主要的智能投顾创业公司，不少都是采取 To C 模式，但是无论是从教育用户还是发展市场角度看，它们目前的生存状况都不算轻松，管理资金的规模也一直做不上去。

其次是监管的问题。在上文已经提到，智能投顾服务在中国面临着政策风险。也正是因此，如何规避风险、拥抱监管，也成了如今智能投顾公司必须斟酌的问题。

但并非所有的智能投顾从业者都看好向 B 端的转变。例如，在理财魔方 CEO 袁雨来看来，面向 B 端的智能投顾不但市场规模小、有天花板，而且未来肯定是“死路一条”。“财富管理领域，财富端和资产端是两端，对于智能投顾而言，资产端如果配置标准资产，大家起点一样；财富端，谁掌握更多的用户，就有更强的竞争力，但 To B 不掌握用户。”他在接受采访时曾经如此表态。

2. 从国内向国外进军

2017 年下半年，一家知名的中国智能投顾公司宣布进军东南亚，在新加坡成立了一家新的金融科技公司。按照该公司的说法，新的公司将引入中国公司的智能投顾技术，面向东南亚地区推广数字化财富管理及智能投顾技术服务。这一举措被誉为中国智能投顾行业的首次出海尝试。

尽管向海外发展展现出了这家中国公司的雄心，但是这种举措也难掩背后的尴尬：智能投顾在一个14亿人口的国家尚未发展起来就开始转战海外，难道它真的在中国水土不服？

按照以往的经验，一家中国公司之所以走入一个陌生的市场，最主要的原因并不是这个市场增长快，而是因为对他们来说，中国这个拥有14亿人口的全球最大市场已经开始走向饱和，或者是面临着过多的政策风险。例如，支付宝进军海外是因为中国的支付市场已经被瓜分，现金贷进入东南亚则是因为中国的政策监管。然而，直到目前，智能投顾行业既没有达到饱和的状态，也没有面临被逼到绝境的风险，因此，我们很难将这种市场转向视为一种成功的策略。

当然，从另外的角度来看，中国市场上的智能投顾竞争的确也变得更为激烈。随着传统金融机构对智能投顾的介入，独立智能投顾公司获取新客户的困难在加大，其成本也越来越高。不过，这些外在的竞争因素并不会因为选择进入海外市场而消失，实际上，在东南亚，很多本土化的智能投顾公司也在崛起，而当地的传统金融业也在迅速进入这一领域。除此之外，东南亚资本市场尽管管制更少，但其成熟度却并不高。

智能投顾发展的最大障碍仍然在自身。和美国的智能投顾公司一样，中国的智能投顾企业也需要在人工智能及大数据的应用上更进一步。除此之外，进一步做好市场推广，对于这些公司也至关重要。有利的一方面是中国的市场正在变得更为“有效”，而这对于智能投顾来说是最大的好事。但正如之前所提到的，智能投顾面对着许多长期问题，这些问题势必仍会在短期内产生较大影响。

任何一项新兴事物的发展，都是机会和风险并存。对于智能投顾，我们仍坚定认为，其发展的机会大于风险。

从科技发展角度看，智能投顾发展的首要机遇在于人工智能的发展。

以自动化和算法为根本基础的智能投顾，本质上属于人工智能在金融领域的应用之一。目前，人工智能正面临巨大的发展机遇，而这也正是智能投顾发展的最大机遇。

中国是人工智能的领跑者。2017 年 7 月，国务院发布《新一代人工智能发展规划》，该规划提出了面向 2030 年我国新一代人工智能发展的指导思想、战略目标、重点任务和保障措施，明确将人工智能作为未来国家重要的发展战略。对于智能投顾行业的发展壮大而言，这一国家战略意义重大。

随着人工智能的发展，人工智能的概念、产品以及服务也逐步被普通用户接受，而以机器和算法为特色的智能投顾产品，也势必会得到更多投资者的认可。

从金融市场角度看，理财产品市场逐步打破刚性兑付，浮动收益产品获得投资者认可这一不可逆转的态势，将有力地促进智能投顾的市场普及。

在过去的几年中，刚性兑付的神话本身就已经逐渐被打破，违约事件的增加以及金融市场的风险叠加，使得越来越多的投资者认识到风险与收益成正比的特性，也逐渐认识到非理性投资的危害。形势的变化客观上增进了投资者对个人风险偏好的认知，资产配置理念也逐渐深入人心，这些在本质上都有利于智能投顾的普及与发展。

对于中国智能投顾的未来，我们有理由保持乐观，但与此同时，我们也要清醒地认识到，这一行业仍然面临一定的风险。要克服这些风险并非易事，但是在今后的一段时间内，有必要重点关注并做好以下几个方面的工作：

首先，要关注政策。上文中已经提到，对于智能投顾的发展，监管部门已经表现出关注姿态。在整个金融行业讲求控制风险、去杠杆、求稳定，把主要精力放在服务实体经济的前提下，监管部门将如何具体对待智能投顾这种创新事物，我们不得而知。但有一点可以确信，那就是对于智能投顾的监管，在未来将变得更为严格。

对于智能投顾的创业者来说，严格的监管总体上是一件好事，但是它也可能会在一定程度上限制智能投顾的手脚，尤其是很多监管实际上已经严重影响了智能投顾的服务体验，而如果服务体验一再因为政策原因受损，令智能显得极不智能，那这一行业将面临极大的用户流失风险。

其次是紧跟市场。在美国，智能投顾所体现的优势在于门槛低、费用低以及投资的稳定性。然而在中国，由于监管政策、税收政策、产品种类、技术以及金融市场本身等多种因素的不同，智能投顾发展的部分初衷基本无从实现。另外，与 FOF、共同基金等相比，智能投顾的收益率和稳定性优势也并无明显体现。

这种无明显优势的尴尬，使得智能投顾在获取用户市场份额方面尚未体现出优势。如果智能投顾无法体现技术带来的稳定和收益优势，仅仅靠所谓的智能噱头来吸引用户，肯定是无法走远的。

再次，注意机器与人的结合。机器性意味着冰冷、无法交流，自动性则意味着不可解释，服务“黑箱化”。从投资者的角度而言，作为人类，我们更喜欢的是同有个性的人类理财顾问打交道，每当遇到疑难问题时，我们更期望得到的是人而非机器的答复。机器有不可比拟的理性优势和智能优势，但投资者，尤其是高净值客户，更希望得到的仍然是人性服务。这也是智能投顾鼻祖 Betterment 在 2017 年开始提供人工投资顾问服务的重要原因之一。

在这样的情况下，智能投顾对于传统上以人工理财师为主的财富管理机构是一种有效的补充，然而对于技术起家的智能投顾初创企业，机器智能既是优势，也可能成为劣势。

最后，要做好投资者教育工作。虽然打破刚性兑付、金融市场化等使得投资者逐渐认识到智能投资的优点，但是对投资者的教育仍然任重而道远。绝大多数的投资者仍然无法理解人工智能对于金融的影响，也仍然缺乏金融理财基础知识。智能投顾初创企业逐渐认识到，教育和培育投资者是它们不得不花费大力气和大成本所从事的工作，而且在中国，这种教育工作的艰巨性尤甚。

智能投顾实测

2017 年年中，我们对几家有代表性的智能投顾公司的应用进行了使用实测。这些实测有的关注其实用性，有的则关注是否会给投资者带来风险。以下是这些实测的一部分，这些记录可以让我们看到智能投顾公司是如何将依托大数据及人工智能等抽象概念而形成的技术应用于普通用户身上的。

1. 理财魔方（测评时间：2017 年 5 月）

2017 年 4 月中旬，一则《山西证监局称智能投顾售基金违规》的新闻，吓坏了一大批正在智能投顾道路上奋斗的“宝宝”，因为这篇文章不但指出目前智能投顾涉嫌无牌照基金代销这一痛点，而且直接点了两家智能投顾企业的名——理财魔方和拿铁财经。虽然后来大家发现这篇文章只是出现在网站的“投资者保护”栏目里，尚不能代表官方的政策，而且文章被媒体扩散后被证监会官网删除，但圈内对于智能投顾政策方面的顾虑，想必一时半会儿是很难消除的。

巧的是，在这则消息出台两天之前，理财魔方刚刚宣布获得 2000 万元的 Pre-A 轮融资，还没庆祝完就不明就里地被证监会点了名，估计公司的创始人们也会有一种茫然的感觉。事发后，理财魔方做了一圈公关，请某权威媒体给他们发了一篇辟谣稿，同时也在其 APP 的页面上用更鲜明的位置标注了自己和盈米财富的合作关系，以期消除大众对它的不信任感。

说实话，如今包括理财魔方在内的很多智能投顾的确是没有基金代销牌照的，它们多数都是通过与有基金代销牌照的公司合作，担负起一个引流和分羹的角色。关于这个灰色地带，监管者到底会怎样理解和判断，以后自然有分晓。但抛开这一点，其实理财魔方本身还是有不少可圈可点之处的。在笔者看来，理财魔方是国内众多智能投顾公司中，比较踏实做产品的一家。

为什么这么说呢？

首先是这家公司在宣传上比较认真地宣传智能投顾的理念，基本没有乱七八糟的惊人之语。这个通过对比就能看出来。

例如，另一款智能投顾 APP 的激活页面，不但放上了一个机器人，还配上“诺贝尔经济学奖理论为基础，风靡硅谷”之类的宣传语，言外之意就是说自己非常具有科学性，也很时髦。还有一家则更夸张，页面上不但挂着金灿灿的诺贝尔奖章，而且还号称自己“零风险”“只赚不赔”。如果说宣称自己“风靡硅谷”显得比较幼稚，那么宣称自己“零风险”就明显具有误导倾向——哪里可能存在只赚不赔、零风险的投资品种？

反观理财魔方，它的激活画面非常理性，完全没有任何惊人之语，甚至看起来太过平实。

不但如此，理财魔方还以非常明晰的方式，告知它与盈米的合作关系，强调自己接受证监会的监督，还放上了自己的监督银行等信息……总而言之，它想给投资者传递的是一种“我受监管，我很安全”的印象。

除了激活画面之外，打开 APP 之后，理财魔方还在头部位置，以图标形式向投资者解释自己的资金安全、投资费率、风险控制等问题，算是比较尽职尽责的。

相比之下，在同样被证监会点名的另一家智能投顾 APP 里，我们几乎看不到任何关于它从事基金代销的信息。我们不知道它是否有基金代销牌照，也不知道它在和谁合作。

其次，理财魔方的投资流程也比较顺畅与规范。

作为新手，当你打开理财魔方 APP 之后，一个要求投资者进行风险测试的页面就会弹出。这时候，你就需要进行一个包括近 10 个问题的测试。我们知道，对投资者进行风险测评是智能投顾必须要做的首要动作，所有的智能投顾都需要这样做。

理财魔方的风险测评和很多其他智能投顾产品大同小异，但是与众不同之处在于，在此基础上，它还提供一个继续测评的功能，这个进一步的测评问题更为复杂，更需要投资者“三思”。利用这个测评，它可以收集更多、更具体的投资者风险偏好信息（见图 6-2）。

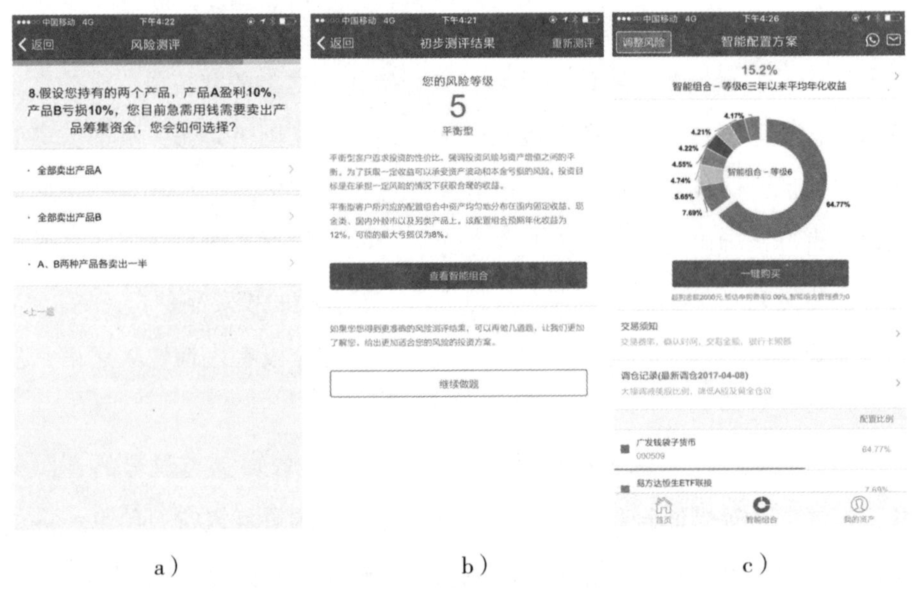

图 6-2　理财魔方投资风险测评及资产配置方案

通过风险测评，理财魔方会提供一个风险等级的评测结果，然后根据结果提出不同的资产配置建议。令人欣慰的是，在这里我们没有看到某大型知名电商推出的智能投顾服务中那种涉嫌诱导客户购买高风险产品的信息。

到了这一步，理财魔方列出了很多我们在进行投资前的关键信息。这些信息包括推荐投资组合的历史表现，投资组合的各基金产品名称以及配置比例、起购金额、预估申购费率、调仓记录等诸多可能影响购买决策的信息。

当你把所有的信息考虑完毕，只需要点击“一键购买”，就可以进行交易的最后一个环节——付费购买。在这个时候，理财魔方又会提醒你即将跳转到盈米财富，并列出相关的基金代销合规信息——很显然，理财魔方本身是严谨的，再加上曾被点过名而导致的风声鹤唳，看得出来，理财魔方的确是想尽量证明自己的“清白”。

尽管理财魔方可谓行业翘楚，很多做法甚至可以称得上是业界良心，但它也不是完美无缺的。在观察中可以发现，理财魔方目前的最大问题在业绩方面。

我们知道，智能投顾最大的卖点在于能够以让客户最省心的方式获得市场的平均回报或者更高回报。而倘若这个智能投顾不能让我们追平市场甚至打赢市场，那么这个产品本身的设计可能就需要打个问号——起码可以说，这个产品的提升空间还很大。

理财魔方的智能配置不能说不存在这方面的忧虑。我们从 5.0（风险最为中性的平衡性）和 6.0（中高风险）两个风险值出发，并依照理财魔方的投资组合建议在相应的风险区间内进行资产配置，在 3 个月和 6 个月内，基本都无法跑赢沪深 300 指数。这个结果是非常令人窘迫的。

另外，理财魔方在每个月的智能组合报告上也要了些小心眼（见图 6-3 及图 6-4）。例如从图 6-3 可以看到，理财魔方每个月用于业绩对比的指标是不固定的，有时候是沪深 300 指数，有时候是上证指数，有时候又换成中证 500 指数！所以，到底有没有一个不变的标尺呢？还是说觉得哪个指标当月最差、最惨，就选哪个，以便让自己的成绩显得更牛？

这可不是个小问题！

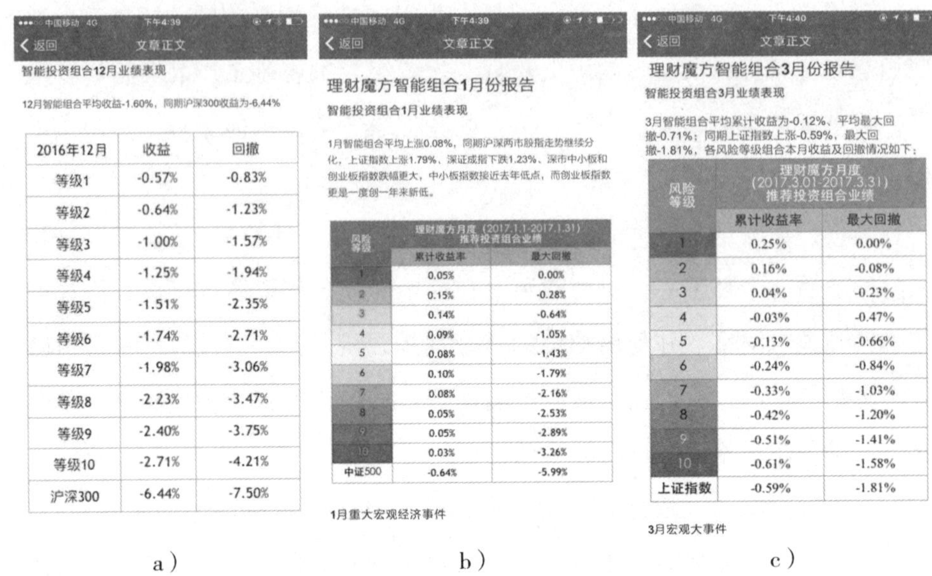

返回 文章正文

智能投资组合12月业绩表现

12月智能组合平均收益-1.60%，同期沪深300收益为-6.44%

2016年12月	收益	回撤
等级1	-0.57%	-0.83%
等级2	-0.64%	-1.23%
等级3	-1.00%	-1.57%
等级4	-1.25%	-1.94%
等级5	-1.51%	-2.35%
等级6	-1.74%	-2.71%
等级7	-1.98%	-3.06%
等级8	-2.23%	-3.47%
等级9	-2.40%	-3.75%
等级10	-2.71%	-4.21%
沪深300	-6.44%	-7.50%

a）

返回 文章正文

理财魔方智能组合1月份报告

智能投资组合1月业绩表现

1月智能组合平均上涨0.08%，同期沪深两市股指走势继续分化，上证指数上涨1.79%、深证成指下跌1.23%、深市中小板和创业板指数跌幅更大，中小板指数接近去年低点，而创业板指数更是一度创一年来新低。

风险等级	理财魔方月度（2017.1.1-2017.1.31）推荐投资组合业绩	
	累计收益率	最大回撤
1	0.05%	0.00%
2	0.15%	-0.28%
3	0.14%	-0.64%
4	0.09%	-1.05%
5	0.08%	-1.43%
6	0.10%	-1.79%
7	0.08%	-2.16%
8	0.05%	-2.53%
9	0.05%	-2.89%
10	0.03%	-3.26%
中证500	-0.64%	-5.99%

1月重大宏观经济事件

b）

返回 文章正文

理财魔方智能组合3月份报告

智能投资组合3月业绩表现

3月智能组合平均累计收益为-0.12%、平均最大回撤-0.71%；同期上证指数上涨-0.59%，最大回撤-1.81%，各风险等级组合本月收益及回撤情况如下：

风险等级	理财魔方月度（2017.3.01-2017.3.31）推荐投资组合业绩	
	累计收益率	最大回撤
1	0.25%	0.00%
2	0.16%	-0.08%
3	0.04%	-0.23%
4	-0.03%	-0.47%
5	-0.13%	-0.66%
6	-0.24%	-0.84%
7	-0.33%	-1.03%
8	-0.42%	-1.20%
9	-0.51%	-1.41%
10	-0.61%	-1.58%
上证指数	-0.59%	-1.81%

3月宏观大事件

c）

图 6-3　理财魔方资产配置组合业绩月度表现

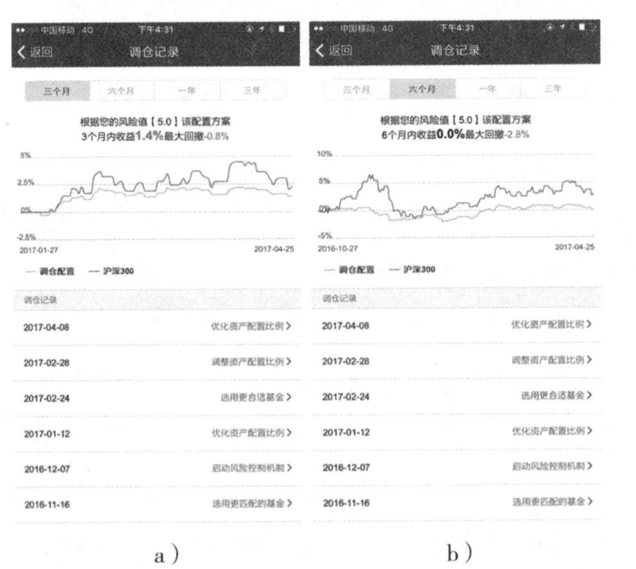

a）　　b）

图 6-4　理财魔方资产配置方案收益率预测及调仓记录

二、金贝塔（测评时间：2017 年 6 月）

2017 年 5 月底，世界围棋冠军柯洁被人工智能程序 AlphaGo 以3∶0全面击溃。比赛结束时，柯洁没能控制住自己的情绪，流下了悲伤的眼泪，而看到这一幕的我们，在为其惋惜的同时，也着实被强大的人工智能所震慑。

不过，虽然人工智能正在广泛应用于各个领域，我们也没有必要为此而恐慌，毕竟在目前的实际应用中，人工智能还达不到我们预期的水平，尤其是在那些比围棋要难得多的领域——比如投资。在目前的投资市场上，很多打着人工智能招牌的智能投顾，其收益率也经常跑不过基准指数。

正因如此，在以机器构建的投资组合兴起的同时，以牛人来构建投资组合至今仍然长盛不衰——就像开车一样，虽然无人驾驶号称更安全（实际上也可能如此），但乘客还是喜欢乘坐老司机的车。下面测评的“金贝塔”就是这样一款“老司机带你飙车”的智能投顾 APP。

和很多草根创业公司不同，金贝塔可谓“含着银汤勺出生”的“富二代”。它是嘉实基金旗下的互联网金融平台，更得到了超级独角兽蚂蚁金服的 A 轮投资。

金贝塔的基本模式是：首先，由金贝塔的官方研究团队以及众多投资达人，在其平台上构建多个股票投资组合，然后用户可以跟踪组合，并且可以对部分投资组合一键购买。熟悉股票投资的人可以看出来，金贝塔模仿的其实是风靡一时的美国社交炒股应用 Motif，即“社交 + 在线券商 + 炒股”的概念。

嘉实基金搞出这么个选股神器，很明显就是基金干了炒股的活儿。当然，一个个股票投资组合，也可以被理解成一个个小型基金投资标的。

不过，这只是金贝塔设立的初衷，而从实际情况来看，社交炒股这种模式在中国并不是那么容易就能玩起来，至少对于金贝塔而言，这是一个难点。从炒股牛人的英雄榜上我们可以看到，金贝塔的官方研究团队粉丝数最多，数量为几十万级别，但另外的英雄粉丝数则基本都在10万以下。这些英雄多数已经很久没有和粉丝互动，即便还有人在互动，频率也非常低。

也许正是因为想摆脱这种尴尬的局面，2017年年初，金贝塔又推出了“存股宝”这一功能。比起此前的证券组合，存股宝更直截了当，它宣称要把“价值投资理念植入互联网场景，让投资者更易于体会长期持有优质企业所创造的价值”，但说白了，就是在推荐股票。

不过，从结果上看，这一功能的推出的确踩准了时点。金贝塔宣称从便宜度、好生意、成长性、现金流以及安全性五大维度进行选股，挑中了同仁堂、贵州茅台、腾讯以及复星医药等蓝筹股，而众所周知，在过去的几个月中，这几只股票，尤其是贵州茅台得到了市场的激烈追捧。金贝塔能捕捉到这几只股票，也着实体现出了其选股的功力。

除了个股推荐，金贝塔还在力推一个叫作“迷你组合”的系列产品。这些组合产品各有其名（比如股息高的叫作“奶牛计划”，海外资产配置的则被称作“邮轮计划”等），有不同的起投金额，体现出不同的投资主题以及不同的风险偏好。其中，每个组合产品均包含3~6只证券，投资策略则包括定投、长期持有以及跟随调仓等多种选择，体现出一定的差异性。这些组合的共同特点是可以一键购买，而在购买之前，我们看不到这3~6只证券的真面目。

从收益率上看，这些不同主题组合的收益情况基本符合上半年的市场走势——追求稳健的高股息股票组合和投资海外资产的跨境ETF组合都获得了不错的正收益，而含有创业板、调仓频繁的股票组合大举溃败，大幅跑输了基准指数。

尽管我们看到了金贝塔的投资实力，但到目前而言，我们仍然很难对其进行过于乐观的评价。直接的“价值荐股”虽然取得了成效，一键投资的“迷你组合”也各有成败，但金贝塔的真正价值在哪里，目前似乎仍不清晰。从牛人构建投资组合转向证券组合的一键跟投，我们看到了金贝塔从社交转向智能的迹象，但是到目前为止，这两者的共存模糊了这款 APP 的真正着力点。

因此，金贝塔未来的主要任务仍然是理清思路，在产品功能上聚焦。从“专家解疑”到“迷你组合”等，这款 APP 看上去有着众多服务用户的功能，但实际上，金贝塔目前需要的还是更多地突出特色，找准定位，服务好核心用户。

3. 广发证券贝塔牛（测评时间：2017 年 9 月）

2017 年年中，监管层关注智能投顾的消息不断。有报道称，监管层正以现场调研为名，对涉及智能投顾业务的海通证券、广发证券等进行检查，检查重点在于“智能投顾”涉及的业务是否合规。如果再联想到山西证监局曾“点名”理财魔方等智能投顾公司的信息，智能投顾看起来很可能会成为下一个被重点“照顾”的对象。

和市场化的创业公司一样，公募券商也早就看到了智能投顾的机会，并在过去一两年内频频出击。但由于体制、面临的监管程度等原因，券商系智能投顾走出了一条不同的道路。下面以广发证券的“贝塔牛”为例，来看看券商的智能投顾到底有何特色。

（1）取名的学问

光从名字上就可以看出券商的智能投顾服务到底有多不同。独立智能投顾创业公司为了在用户中营造品牌，总喜欢简洁、朗朗上口甚至有点莫名其妙的名字，比如拿铁、弥财、魔方、图灵、量子等；券商则不同，有的券商起的名字相对而言还是秉承着传统券商的那股接地气的劲儿（比如 e 海通财、君宏理财），有的则带着一股莫名的高大上气息，甚至让人搞不清楚状况（例如长江证券的智能投顾叫作 iVatarGo）。广发证券的智能投顾取名则秉承土洋结合的原则：贝塔牛，既说明了智能投顾的被动投资属性，又包含将贝塔收益（β 收益）阿尔法化的寓意，简而言之，就是既希望降低风险，又希望尽可能取得更高的收益。

（2）智能投顾只是一种依附性服务

与市场上的创业型智能投顾不同，券商的智能投顾服务只是其众多服务中的一种，因此它没有独立的 APP，而只是委身于券商 APP 的功能之中。

贝塔牛服务的依附性还在于，虽然它号称只需要一个手机号就可以登录，但实际上，用户要想深度使用其智能投顾服务，比如查看操作策略、一键跟单等，就必须登录广发证券的交易账户。

广发证券用户在第一次使用智能投顾服务时需签署一份风险提示书。该风险提示书明确说明，只有在广发证券开立证券账户的客户才能使用智能投顾服务。

贝塔牛资产配置的种类及产品数量也因为这种依附性而受到限制，这一点我们在后面会详细介绍。

值得注意的是，到目前为止，广发证券仍然将贝塔牛标注为“体验版”。这不仅让我们想起微博在监管政策出台之前，也有一段较长的测试版的经历。

（3）双智投功能只是看上去很美

与一般的智能投顾只做资产配置不同，贝塔牛还提供智能股票组合，这是其作为券商系智能投顾的一大特色。

广发证券将其机器人构建的股票组合服务命名为“i 股票”，将其资产配置服务命名为“i 配置”，它将“i 股票”定位为提供 A 股股票操作建议，将“i 配置”定位为提供资产配置建议。

先说“i 股票”。“i 股票”为用户提供 4 种炒股策略：综合轮动、价值精选、中小盘成长和短线智能。这些策略到底有何区别，广发证券并没有在 APP 的明显位置详细告知，我们只能看到它们的收益率有所不同，至于其累计收益率是如何取得、如何计算的，广发证券也没有在明显位置告知。但这 4 种策略的最低投资额各不相同，例如累计收益超过 10% 的综合轮动，最低投资额要 10 万元，而短线智能的投资门槛只有 1 万元，但是其年化收益率仅有 4%。投资门槛的高低与收益的不同，也许是这 4 种投资策略的不同所在。

用户可以在 4 种策略之中挑选适合自己的策略，然后填写需求，由机器人构建股票组合。这个股票组合实际上是一个股票池。至于这个股票池是如何选出的，我们也看不到任何的解释和说明（见图 6-5）。

用户保存后，就等于创建了一个投资组合。实际上，与普通智能投顾只能根据用户的风险承受能力推荐一个组合不同，在贝塔牛中，你可以构建多个不同的股票组合（见图 6-6）。

图 6-5　贝塔牛的“新建股票组合”页面

图 6-6　贝塔牛的不同股票组合及其收益率

值得注意的是，这个股票组合中的股票并不都会成为你的投资标的。

按照贝塔牛的说法，它们会按照市场变化，动态地从股票组合里选取几只推荐给用户。比如，投资者可能在某个早晨收到广发证券的短信推送，建议买入西藏城投和中航地产两只股票（见图 6-7）。

图 6-7　贝塔牛的证券投资建议

到了这一步，实际上就是广发证券之前大力宣传的“一键跟单”了，也就是说，投资者只要点击“提交委托”，就可以买入这两只股票了——当然，前提是投资者的账户里有足够的资金。

“一键跟单”看起来非常方便，不过大多数投资者还不太清楚这个机器推荐的逻辑，也不知道这几只股票到底有什么风险，需要自行判断。另外的问题还有：当投资者提交了委托，广发证券会立即成交还是智能成交（也就是尽量选取当日最低点）？贝塔牛会提示投资者买入，也会提示投资者卖出吗？还是自动卖出？

有券商从业人士坦言，这种一键下单买入股票的方式，目前对券商而言不合规。《证券时报》的报道也曾提到，这种“一键下单”的方式目前也是监管层关注的重点。那么，广发证券的这个“一键跟单”，到底是合规还是不合规？

从本质上说，广发证券的这个所谓的智能股票组合，实际上就是股票池荐股，但是不同于与人工投顾打交道，我们对于机器人的选股逻辑一无所知，也不知道这个机器人是否了解投资者偏好，所以普通投资者对于这种投资股票的智能投顾，还是有几分顾虑的。

广发证券的另外一个智能投顾服务是"i 配置"，这就类似于一般的智能投顾的资产配置服务了。但是，"i 配置"实际上只有 3 种配置策略，用户只能三选一。经过实测可以发现，"i 配置"的资产配置服务产品仅限于广发系本身，这就让资产配置的选择变得更为有限。如果只能买一个公司的产品，那么还有什么智能可言？

简单总结一下，广发证券的贝塔牛推出了两种类型的所谓智能投顾服务，但是无论从哪个角度看，这两种服务都有很多局限，尤其是"i 股票"有不少信息不透明之处。虽然贝塔牛宣称其提供的策略能够跑赢沪深 300 指数等标尺，但这些策略似乎并没有过多考虑用户的个性化特征和需求。所以，总体上说，贝塔牛在智能投顾上有一些自己的特色，不过在智能这个问题上还要做得更多。

小结

本章关注的是中国智能投顾的发展情况。与之前的部分不同的是，这一部分更加突出了现状的描述、智能投顾的营利困境以及部分实际应用的情况。

中国的智能投顾发展刚刚起步，和美国的同类公司相比，中国的智能投顾面对的是独特的政策环境、不同的资本市场发展阶段以及更为不成熟的用户群体。相对较弱的营利能力成为中国智能投顾的一个软肋，但是中国庞大的市场却仍然让这类公司充满期待。

中国的金融状况正在发生重大的变革，从长远来看，一个健康合理的金融市场更加适合智能投顾这样的新事物发展。尽管如今的中国市场仍然以个人投资者占主导，但伴随着资产配置理念的普及，相信未来会有越来越多的中国人将资金交给第三方打理。在这方面，依托于人工智能和大数据的智能投顾具有成本低廉、使用便捷等天然优势。

中国庞大的互联网用户创造了更大的大数据，因此中国的人工智能也在近几年快速发展，其商业化应用也非常广泛。这些都有助于中国的金融投资（无论机构还是个人）进一步转向智能化。在这样的大背景之下，我们相信，在中国，人工智能与金融的结合只不过是刚刚拉开序幕。智能金融在中国的明天一定会更加美好。

| 跋 |

让智能成为投资的朋友

将智能的演进同金融的进化合二为一，是本书在写作之初不曾设想的野心。然而，在试图理清今日人工智能和智能投资的发展现状之时，笔者却发现，若离开了对这两者过往历史的深入探究，则根本无从看清他们在今日之间的复杂关系。于是，将两者的叙述融为一体，便成了本书的一次大胆尝试。

智能和金融是天生的一对。当人类开始学会使用书面语言之后，他们第一次写下的历史，不是文学也不是箴言，而是一项金融事实："在 37 个月之间，共收到 29086 单位的大麦"——在 5000 年前，大麦不但是一种粮食，也是一种记账单位，而 29086 单位的大麦承载了所有权、债务以及税收等多个方面的金融信息。

在漫长的历史之中，智能和金融之间的关系虽然密切，但却并不复杂。但在资本主义出现之后，这两者之间的关系日益复杂化。时至今日，智能和金融以及投资早已融为一体。今天，如果我们还羞于承认机器取代了人类或者打败了人类，那么我们至少应该知道，机器智能早已成为人类开展金融与投资活动的有力助手。

但今日的世界并非历史的终结。实际上，机器与人之间的关系仍在发展之中，而在未来这一关系将如何界定，以及它将如何影响我们的世界，目前仍然不得而知。我们看到的现实是，一方面机器在崛起，人类的恐慌也似乎与日俱增；但另外一方面，人类却仍在一些重要事项上重复过去，表现出其独有的非理性一面。智能原本只是我们人类的孩子，但如今我们对这个孩子的成长却抱有无尽的矛盾和惆怅。

智能，是朋友还是敌人？

自古以来，人类对于智能的态度就一直保持着两极化。

一种人拥抱它，认为它满足了人对智力极限的挑战，对自我认知的提升，而且这种挑战和提升将进一步给人类带来更加美好的生活。

另外一种人则对这种发展提出挑战。他们要么像当年砸烂机器的卢德分子一样，视机器和智能为抢夺工作岗位的洪水猛兽；要么则从人类长远命运的角度出发，认为智能的发展势必会引发人类自身的危机。

在今天的世界之中，也存在着这两个重要的派别。在支持者之中，不乏微软的创始人比尔·盖茨和 Facebook 的创始人马克·扎克伯格等知名人士，而反对者中的著名人士则有物理学家斯蒂芬·霍金和特斯拉的创始人埃隆·马斯克等。

霍金曾经对人工智能的发展一再提出警告，在公开场合，霍金曾经说道："人工智能技术的研发将敲响人类灭绝的警钟。这项技术能够按照自己的意愿行事并且以越来越快的速度自行进行重新设计。人类受限于缓慢的生物学进化速度，无法与之竞争和对抗，最终将被人工智能所取代。"

马斯克同样也认为，在与人工智能的对抗中，人是完全弱势的一方，"人类战胜人工智能的概率仅有一成"，而这最终会导致世界成为一个失序的社会。"在人工智能的飞速发展下，人类会落后很多。人类的智能远远低于人工智能的智能，（到那时）人类就变成了阿猫阿狗一样的家庭宠物。”

为了应对未来可能出现的混乱，这位宣称要移民火星的现代钢铁侠在2015年牵头成立了OpenAI这样一个非营利性组织，声称要尽量将人工智能成果普及世人。

与这些人士的警惕不同，比尔·盖茨等人则更强调人工智能的正面效应。在他们眼中，人工智能可以应用于众多领域，重塑许多行业，如果应用得当，它可以让更多的普通人受益。

马斯克和霍金当然不愿意承认自己是当代的卢德分子，因为后者在最后被证明是一群螳臂当车的人士，他们未能改变机器对工业的统治，但也有幸如此，他们没有成为历史的罪人——正是新机器的使用推动了经济的发展和普通民众生活及福利水平的提升。马斯克和霍金当然知道人工智能对于提高生产率的威力，只是在他们看来，这种威力实在太过强大，其对人类的冲击远非当年的蒸汽机可比。

但无论以盖茨和马斯克为代表的双方意见多么不和，他们却都认识到了人工智能的威力，只是对于这些威力的正负效应有着不同的见解。

科学界和技术界争论的无非是机器在多大程度上取代人（诸如人工智能还是智能增强之类的问题）以及使用何种方法、造成何种后果，但人类中的大多数却并非如此。实际上，绝大多数的人对于智能本身的发展既不了解，更抱有一定的偏见，而且是一种较为顽固的偏见。例如，在AlphaGo大战李世石之前，没有几个人相信机器能够战胜这位世界围棋冠军。比赛之前，新浪体育曾经进行了一次网上调查，结果当时认为李世石可以赢的人占比高达八成，这与后来李世石4比1惨败的结果大相径庭。

而在这场比赛之后，机器可以战胜人类这种观念也仍然不为多数人所接受。不少人开始推翻围棋可以代表人类最高智力水平的言论，反而认为人工智能只能够在有限的规则下战胜人类；有的人则认为，尽管在“智商”上，机器开始超过人类，但在“情商”上，机器还远比人差；还有人相信，人类有着特有的直觉系统，而机器永远只是逻辑的产物。这些为人类争辩的言论，有些看起来还算有些道理，但更像是一种人类的“狡辩”——就像人类永远跑不过汽车，但是人绝对不会声称自己不如机器。

除了在人与机器的关系上有一种认知的自信，人类还表现出另外一种行为经济学意义上的过分自信。例如，美国的一项调查表明，大多数人认为机器人使得工厂的工作岗位减少，但是与此同时，近六成的人又认为，未来 10 年中自己或家人的工作不太可能被自动化取代——机器取代的是别人，而不是自己。

除此之外，人类对于人工智能仍然抱有某种自古以来的恐惧。无论如何，对于多数人而言，那些复杂的算法、公式、神经网络、输入输出……都是黑箱子的一部分。尽管日常生活中这种“黑箱”其实无处不在（大多数人不知道搜索的算法，但还是在使用搜索引擎；大多数人不清楚电视是如何传递信号的，但还是在看电视），但对于人工智能这种听起来高深莫测的技术，人们更有难以信任甚至惧怕的充足理由。

对技术的恐惧也算是人类的一种传统。1818 年，一部叫作《科学怪人》的小说在英国问世，这部对科学的反叛之作，表现出当时人们在追逐技术进步的同时，仍不免陷入一种被机器控制的恐慌之中。在之后的岁月中，这种恐慌以不同的形式延续下来。20 世纪 60 年代，在库布里克的电影《2001 太空漫游》中，机器人 HAL 其实是一个会杀人的精神病。到了 1982 年，《银翼杀手》中的智能复制人则和人类发生了一段纠结的争斗。最近十几年，关于人工智能的电影更是层出不穷，尽管这些影视艺术作品的内涵越来越丰富，但是机器人给人类带来恐慌，以及人与机器产生误解而造成混乱，则是这些文艺作品的主要话题。

尽管支持派认为担忧人工智能是杞人忧天，但关于智能是敌是友这个话题的争论似乎早已注定。这在很大程度上要归因于人类的本性——即便人工智能的水平真的达到或者超过了人类的最高水平，人类也无法在感情上对其大加认同。人类天然地排斥一种不属于同类的“他者”，在面对人工智能时，一种他们/我们的对立感总是挥之不去。

但是，人工智能并不等于万能，它也绝非完美。实际上，直到目前为止，我们仍然可以看到这种技术的缺陷以及它所具有的潜在破坏性。仅从本书所涉及的金融行业来说，计算机应用的确提升了交易的速度，提高了交易的效率，促进了交易的平等，但与此同时，由计算机使用而导致的金融市场问题也是一而再再而三地出现。1987 年的美股股灾、1997 年的长期资本危机以及 2008 年的金融危机，都与金融业的智能化不无关系。而 2010 年 5 分钟蒸发 1 万亿美元的股市大闪崩，其主因也是量化高频交易者所采取的“幌骗”（spoofing）伎俩——运用大量自动化程序卖单来压低价格，之后再取消这些交易，并以压低后的价格买入合约，然后在市场回升时售出获利。

是的，机器的使用的确扩大了交易的频次，增加了市场的流动性，也在一定程度上减弱了市场的无效性，但是智能本身并没有能力完全杜绝灾难，相反，在市场出现极端事件之时，理性的机器本身反倒出现了金德尔伯格所说的那种“合成谬误”：当所有的机器按照信号选择清仓出逃时，势必导致交易的拥堵以及抛压的大增，进而加剧市场的恐慌，导致连锁反应。在这里，机器在某种程度上克服了人类的个人弱点，但仍难以避免人类群体的羊群效应。

当然，我们也可以说，出现目前的问题也许是因为当前的机器人还不够聪明，也许在未来，他们会具有更好的群体行为应对策略。但是，我们的确也无法排除机器会持续地继承人类的某些弱点，甚至将某些弱点放大。毕竟，机器学习的所有资料来源，都来自于人类本身。

机器是成为朋友还是敌人，也与我们人类的选择密切相关。实际上，起码在目前阶段，所有的机器仍然需要听命于人类，而如果人类能够为这些机器的使用制定明确的规范，对机器的所有者加以监管，那么，机器理应能够更好地为人类服务，而不是成为麻烦制造者。美国监管部门已经在智能投顾领域设立了规范，其他国家的监管部门也应当有所作为，因为只有监管适当，关于人工智能的研发才能更加有序，而这也正是埃隆·马斯克等人聚焦的问题所在。

关于机器智能是敌是友的问题，可以持续讨论下去。我们更愿意相信，在有力监管的前提下，机器可以成为人类的朋友，更多地为人类造福，机器可以在很多方面为人类提供帮助。本书的观点是：希望并相信机器能够给人类的投资带来更大的帮助。

让机器成为投资的朋友

本书的序言提出了一个观点：在如今的市场之中，要想更多地赚钱，只有两种策略，一种是尽量做一个不受非理性主导的主动投资者，长期投资，坚持独立性；另外一种就是把投资更多地交给机器来完成。二者之间，前者意味着我们要克服人类的普遍弱点，成为巴菲特或者索罗斯之类的人物；后者则意味着我们要将资产更多地交给机器来打理。

但在这两个选项之间，你又会如何选择？是愿意成为一个克服人性弱点的绝世高手，还是心甘情愿承认自己无能为力，把钱交给一个机器来处理？

对于不同风险偏好的投资者来说，这个问题的答案肯定不会相同。例如，那些常年沉浸于市场的个人投资者，即便有着无数的懊恼、失败，但总不免对自己有着更高的估计，认为自己肯定可以通过学习与总结，成为一个能够战胜市场的投资者。

然而，我相信也会有部分投资者会因为过往的失意或者天生厌恶风险，因此愿意将自己的资金交给一个没有情绪的机器人打理——尽管按照现有的市场规模估计，这样的人仍然相对较少。

的确，在目前的状况下，中国的个人投资者尚无法把投资这件事完全交给机器。无论从人们对机器的了解和信任程度出发，还是从人们对自我的过高估计出发，或者从当前市场的收益状况出发，我们都要承认，机器要想在投资上赢得人类的信任，还需要时间，也需要更多的市场教育和历练。

不过，无论现状如何，本书的观点却始终如一：没有多少个体可以复制巴菲特或者索罗斯的成功，对于普通大众而言，未来以机器主导的被动投资和智能投顾等，会逐步成为一种重要的甚至是最好的选择。本书之所以敢下如此“武断”的结论，理由无非有二：

第一，这是市场走向成熟的必然发展逻辑。世界上资本市场最为发达的无非就是美国，而正如本书所述，美国的市场恰恰走过了一个从散户市场到机构市场、从手工交易到电子交易、从主动交易到被动交易、从人脑交易走向机器交易的过程。即便中国市场有着自己的特殊性，但我们仍然相信，随着市场走向成熟，中国的投资者也会和美国投资者一样，逐渐淡出二级市场交易，不再做一个亲力亲为的散户。相反，他们会更多地将自己的资金交给基金等机构来打理，而此类机构的壮大势必会推动市场交易越来越机器化、智能化。

第二，个人投资者也会越来越成熟。中国的资本市场仅有二十余年的历史，这二十多年中尽管有多次牛熊转变，但是总体而言，大众投资者仍未形成成熟的投资心态。多次的股市大跌曾经令不少个人投资者遭遇严重损失，然而，对于处在经济成长期的中国投资者而言，这些损失多半都并没有为我们带来深刻的教训。尽管个人投资者会因为市场的萧条而心灰意冷，但一旦出现牛市迹象，A 股市场的投资者仍然会“闻风而动”。不过，从下图我们也能够看出，尽管如今 A 股市场的散户占比仍不低，但同 10 年前相比已经有了明显的下降。相信在经历了更多轮市场波动之后，A 股

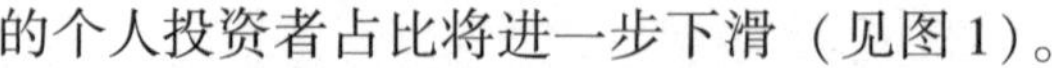

的个人投资者占比将进一步下滑（见图1）。

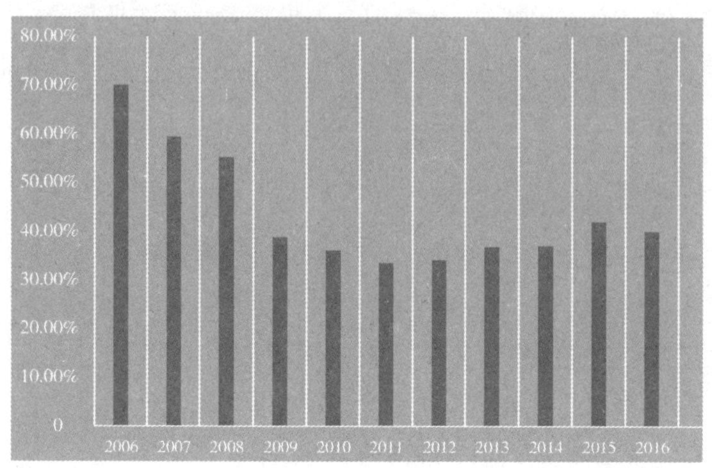

图1　2006—2016年A股个人投资者占比

数据来源：Wind，申万宏源

个人投资者退出直接交易市场，意味着他们已经不再相信自己能够战胜市场，也意味着他们对收益率有了更理性的预期，这些都会促使他们选择间接的投资方式，而在所有的间接投资方式中，势必会包括越来越多的费用低廉、操作便利的智能化投资工具。

当然，退出直接交易市场的个人投资者未必会一下子转移至智能投资工具。但是无论如何，对于这一群体而言，越早认识到智能在投资中的作用则越好。在最初的阶段，这种智能也许并不意味着要将资金全部交给智能投顾这样的机器人（毕竟智能投顾本身也需要更加成熟），实际上，它也许只是更多的选择以量化的方式来对数据进行分析和判断，以更为客观的方式来理解和判断市场，而不是和此前一样盲目跟风或者盲目听信别人的建议。智能投资的第一步其实非常简单，那就是先为投资寻找到客观有据的标准。

幸运的是，如今的各种行情软件和APP在智能化方面也大幅提升。这些更为技术化、便捷化的信息设备，不再只是提供主观的技术分析和快速的新闻，也会提供更多的数据变化信息，并且有更多的智能化提示。这些都有助于个人投资者树立智能化投资的理念，它们都是个人投资者的有力助手。

在本书中，我们已经把机器强大的一面做了具体的阐释。那些盛极一时取得佳绩的对冲基金，正是依靠强大的计算机算力、快速的交易速度以及复杂的算法，取得了这场机器竞赛的最终胜利。

现如今，基于大数据和人工智能的智能投顾等新工具开始普惠至个人投资者。尽管我们必须承认，智能投顾使用的模型比对冲基金的模型简单得多，其营利能力更有巨大差别，但是机器从只服务于那些规模庞大的对冲基金到如今走向普通个人投资者，这本身就是一种巨大的进步。人工智能技术最终的目标应该是惠及更多的普通人，这也是未来不可阻挡的趋势之一。

在这样的一个新时代，聪明的投资者都应当拥抱智能，让智能成为投资的好帮手、好朋友。一流的主动投资者从来都不会拒绝机器的帮助，相反，他们会主动使用机器、信任机器——爱德华·索普如此，詹姆斯·西蒙斯如此，其他的知名投资人也同样如此。例如，早在20世纪80年代初，当今世界上最大对冲基金的掌门人瑞·达里奥就开始把大数据应用于投资决策，用算法来表述投资决策和工作原则，让没有情绪的计算机来负责那些复杂的交易。

相对而言，普通投资者没有很好的算法支持，没有强大的技术团队，甚至连投资的智慧也不太具备，因此就更应善用智能进行投资。这种善用，包括寻找到更为简单可用的投资工具，建立更为客观的投资选择标准，以及将更多的投资交给合格的机器人来处理。

智能投资工具市场也在不断进化。2018年新年伊始，中国的智能投顾市场就传来了更多的新消息——又有一家传统基金巨头开始布局这一领域，推出了其研发的智能投顾产品。越来越多的参与者入局，一则意味着这是一个潜力无穷的市场，另外也意味着竞争的加剧，而竞争的加剧无疑要求智能投顾产品本身的进化，反过来推动整个行业水平的提升。从这些角度看，从2015年起步的智能投资风潮，将会在未来几年持续风起云涌，而对于普通的投资者来说，这意味着将有更多的机会获得智能投资服务。

新泡沫与新机遇

在本书即将完成之时，一场新的投资泡沫正在全世界范围内上演。

在过去的一年中，一种叫作比特币的加密货币终于在它出现的第9个年头爆发，其市场价格在一年之中上涨超过20倍。而如果从其诞生算起，比特币的涨幅更是超过了几百万倍。

区块链技术被称为分布式账本技术，是一种互联网数据库技术，其特点是去中心化、公开透明，让每个人均可参与数据库记录。这种不可篡改的特性使其在重塑社会信用方面具有巨大的潜在价值。

比特币则是基于这种技术的一种应用。自从2009年被传说中的中本聪发明出来以后，比特币一直受到技术人士的追捧，但直到2017年，比特币才被更多的大众所接触，也因此出现了惊人的价格暴涨。

比特币被称作“数字黄金”。的确，在很多方面它和黄金的确很像。例如它们的总量在理论上都是有限的——没有人能点石成金，也没有人能凭空制造出一枚比特币。比特币从设计上就防止了简单的复制和衍生。另外，和发现黄金的辛劳相比，获得比特币也需要付出“挖矿”成本，并且这种成本随着比特币储量或者存量的减少而不断增加。

因应这股加密货币的风潮，大量傻钱也开始流入这一领域。而众多的“聪明人”也在这时竞相吹捧比特币底层技术——区块链的未来。他们通过社群和网络发布自己的白皮书，然后通过网上加密货币交易所发出自己的加密货币，供各类炒币的投机客在二级市场买卖。不透明的市场交易，个人投机者的热情，以及整个社会对于区块链应用的狂热憧憬（至少表面上如此），让整个市场的投机情绪无比高亢。尽管很多的普通投资者连区块链是什么也没有搞懂，但这一点也不妨碍他们参与其中。

和我们在本书中历数的那些惊人的泡沫一样，比特币的崛起再次印证了“太阳底下无新事”这样一句古老的谚语。在郁金香泡沫的年代，人们追捧郁金香的理由往往是它的新培育技术，如今，人们认为区块链也可以重新缔造一个阿里巴巴或者腾讯公司。在鼓吹比特币和区块链的言论与行为之间，我们可以看到金德尔伯格所有关于泡沫的寓言。

在本书结束之时，这场已经持续一年的加密货币狂欢刚刚脱离第一个高潮，但仍未显示出任何彻底衰退的迹象。监管的不明朗给投机者们带来了一定的心理负担，但足以让市场崩溃的力量尚未出现。但无论如何，就像20世纪末的网络泡沫时代一样，如今的世界不但开始陷入一种技术的狂想，而且也暴露出一种泡沫破裂的倾向。

巴菲特在2018年新年之初就评价道：“我几乎可以肯定地说，虚拟货币不会有好下场。”他终生的好伙伴，另外一位值得尊重的投资大师查理·芒格则在2017年说：“哪怕只是停下来想想，我都觉得（比特币投机）愚蠢透了。那些恶劣的人、疯狂的泡沫、糟糕的点子，诱使大家往脑子里塞入那种无须卓见、不必劳力就可轻松赚钱的观念。”

本书在这里倒不想急于下任何立场鲜明的结论，但之所以最后提及这场正在进行的狂欢，一来是想再次说明个人投资者的非理性（这一点正是本书的重点之一），二来则是想说，类似的历史循环屡见不鲜，不但展示出个人投资者自我控制的难度，更体现出智能投资在布道推广方面的任重道远——试想，如果我们的智能投资已经足够发达，而人们已经愿意相信机器而不是自我的有限理性，那么这种巨大泡沫出现的概率也许会有所降低，它给普通人造成的潜在伤害也会降低到最小。

当然，对于那些追求一夜暴富的人士而言，智能投资也许永远都不是最好的选择，毕竟财富爆发依靠的是能够捕捉到低概率的好运气，而这并不是智能投资的本质所在。智能投资遵循的永远是一种高概率、低风险的投资逻辑，它最大的特点在于对确定性的不懈追求，而不是将投资变成一场冒险的旅程。

尽管泡沫的出现再次显现出人类的某种阴暗面，但我们还是愿意相信，这些新的泡沫在某种程度上也意味着新的机遇：泡沫一旦形成，则迟早会破灭，而每一次泡沫的破灭，多多少少都会让部分投资者有所心得，他们最终会了解所谓的“黑天鹅”到底是什么。他们也会知道，原来人的天性未必适合投资，相反，也许没有情绪的机器财富管家才是打理家庭财产的最好帮手。

对于个人投资者而言，这种心得的影响也许比区块链对世界的改变还要重大。

致 谢

本书得以完成，要感谢众多人士的支持和帮助。

本书涉及的大量历史与知识，得益于许许多多智慧头脑的总结，在此我无法一一列举他们的名字和著作，但我想，如果没有这些前辈的梳理和发现，我根本无法将这本书呈现于此。

在过去的一年中，我有幸为搜狐的“智能投顾联盟”撰写文章，这使我对人工智能和智能投资有了更多的研究和分析，同时也为本书准备了大量的资料。在这里，要感谢我在搜狐时的领导李岩与同事廖翊珺给予我的支持。

非常感谢大众理财顾问杂志社李鸿社长，没有他的支持，就不会有这本书的出版。同时也要感谢出版社编辑孙东健、康会欣老师的支持与帮助，谢谢他们的意见和建议。

还有很多给予我帮助的人，恕我不能在此一一列举。缺少了他们任何人的智慧与协助，本书都不可能有今天的样貌。当然，本书中所有的错误和责任，由我一人承担。

崔传刚

2018 年 1 月 16 日于桃花园